Winfried Bornemann

BORNEMANNS Lachende Erben?

Neues vom Briefmacker

GOLDMANN VERLAG

Der Goldmann Verlag
ist ein Unternehmen der Verlags-
gruppe Bertelsmann

Made in Germany · 6/89 · 1. Auflage
Genehmigte Taschenbuchausgabe

Fotos: Rudolf Huwatschek, Osnabrück
Umschlaggestaltung: Design Team München
Druck: Presse-Druck Augsburg
Verlagsnummer: 9388
Ge · Herstellung: Ludwig Weidenbeck
ISBN 3-442-09388-0

Gewidmet Jochen Piepmeyer,
ohne dessen aufopfernde Hilfe
und unermüdlichen Einsatz
dieses Buch
bereits ein Jahr früher
hätte erscheinen können.

Ein herzliches Dankeschön
außerdem an:

Marianne Vogt
Reinhard Fleddermann
Irmgard Piepmeyer
Michael Forster
Eberhard Eichhorn
Frank und Gerrit
und die lieben
Briefzusteller

Inhalt

Kurz vor Kastenleerung

Warum Bornemann nicht die Tinte halten kann . . .

Schon in Winfrieds Geburtsjahr 1944 bemerkt die Mutter: „Der hat den Blödsinn im Blut." Über dem Entschluß, seinen Lesern (nach „Briefmacken 1 und 2") eine dritte Blutprobe hinzulegen, wird Winfried Bornemann 40 Jahre alt. Und ich ziemlich neugierig, seit wir uns im letzten Winter über einer heißen Tasse Kakao die Freundschaft antrugen.
Ein Nonsense-Autor? Kaum. Ein Gag-Schreiber? Auch nicht. Ein Irrwitziger? Schon eher. Ein Hauptschullehrer – in jedem Fall – zwischen Tafel und Geschwafel. Der mit seinem Leserstrahl dorthin zielt, wo es die einen nicht merken und die anderen lachen.
Was ist mit Ihnen? Lassen Sie sich nicht ins Posthorn jagen, es kann jeden von uns treffen.
Also: Ich kenn' ihn schon recht gut, den Winfried. Täglich zur Mittagszeit, wenn seine Schultasche wieder im Fillerschloß zu Georgsmarienhütte bei Osnabrück hängt, schneien die Briefe nur so aus dem Kasten. Vor dem Nordflügel steht er dann knöcheltief im Schabernack. Und läßt seinen Durchblick über das Anwesen streifen: einen steilen Hühnergarten hinauf, an dessen Oberkante, auf dem Olymp des Possenschreibers, eine Dichterklause.
Doch zur Tagespost ins Hauptgebäude: Dort serviert Frau Birgit Vorgeschlitztes. Zwei kleine Bornemänner haben Telefondienst: „Der Papa kann nicht – er liest –, und nachher schreibt er!"
Deutschlands emsigster Briefkauz („Das einzige, was mich ernsthaft interessiert, ist Unsinn!") verschickte bisher gut 500 Anfragen an Behörden, Firmen, Prominente. „Als ich merkte, daß wirklich jeder Stuß beantwortet, durch brieflichen Rat abgesegnet wird, ging die Post erst richtig ab." Das war 1979. Und – welch Wunder – je mehr hinausging, desto mehr kam herein: Bis heute schrieben 90 Prozent aller Adressaten zurück. So der Tierschutzverein auf Winfrieds besorgte Zeilen, man solle endlich „Pudelmützen" von den Köpfen und „Katzenaugen" von Fahrrädern verbannen. Das Finanzamt, weil er die Quittung für eine „Samenspende" geltend machen will. Der Feuerwehrverband, weil er sich beim Löschen eines Zimmerbrandes mit „Löschpapier" die Finger verbrennt . . .
Flotte Anschreiben in Sektlaune – bierernste Vorgänge kommen retour. Frankiert und abgestempelt, geprüft, gelocht – geleimt. Wie sollte da der Autor etwas gegen den Empfänger haben? „Ich mag sie alle. Solange sie nur antworten!" Teils tun sie das witzig, teils hitzig. Der Grat bleibt schmal.
Winfried liebt die Bürokraten geradezu. Und er macht uns gern bekannt mit ihnen: mit den bornierten. Mit ihrer Phantasie, mit ihrer Einfalt, mit unseren eigenen Talenten.
Ein immerfreundlicher Vollbart, der auf die Sympathie Patente haben könnte. Ein Typ, der Enten füttert und Halma spielt. Rentneridylle und Schalk im Nacken. „Weißt du, ich mach's zum Jux, lasse meine Gedanken kreisen, worüber Menschen lachen können." In diesem Sinne versank er in seinen postgelben Traum, aus dem er erst erwachen wird, wenn er die Augen schließt – todsicher auf der Schreibmaschine . . .
Die ganze Story hat jedoch nur Unsinn, wenn unser Winfried weiter unerkannt agiert: Fernsehshows, Hörfunkserien, stoßweise nennt ihn die Presse. „Eine Tarnkappe muß her!" Damit ihm möglichst viele auch künftig in den Brieföffner laufen. Wie wäre es mit „Alfred Piepmeyer" oder „Ca-

rola von Gästern"? Sie werden sie gleich kennenlernen, eine ächte Frau von häute. Ganz nüchtern wägt sie den Tag ihres Hinscheidens mit ihrem „beträchtlichen Vermögen" ab und sucht einen Alleinerben. Es wurden Dutzende daraus: Bornemanns lachende Erben.
Ob sie wirklich lachen? Winfried hofft es, der alte Herzensmensch. Ist sich aber ziemlich sicher, daß es die Leser tun. Nur ein einziges Mal wollte ihm einer ans Leder: „Im Hamburger Telefonbuch stand ein Wilhelm Busch – dem schrieb ich, ob es die Witwe Bolte wirklich in seinem Verwandtenkreis gegeben hätte. Und fragte nach, wie das mit den Hühnern und den Zwirnsfäden funktioniere." Herr Busch rief an. Und putzte Herrn Bornemann ohne Gnade runter: „Das war doch der Maler Wilhelm Busch, der ist doch tot, Mann!" Ganz nebenbei: Das war bekannt.
Auch Frau von Gästern weiß mehr, als sie schreibt. Und als die Prominenten wissen, die mit ihrem Anliegen hiermit ins Rampenlicht der Schreibtischlampe rücken. Wie gesagt, es geht um eine Erbschaft. Und meine besten Wünsche begleiten die Hoffnung, daß ein jeder das bekommt, was er verdient hat.
Mathias Welp, Kassel, im Dezember 1984

WINFRIED BORNEMANN

alias

Carola von Gästern

Erläuterungen zu dieser Aktion auf Seite 65

Carola von Gästern

4506 Hagen 1 - Hüttenstraße 43

Gleichlautende Briefe
gingen an viele
prominente Künstler

Sehr geehrter Herr

als alte und alleinstehende Dame denkt man nicht nur an die Vergangenheit, nein die Gedanken kreisen auch über das eigene Sein hinaus.
Kurz gesagt, ich habe ein beträchtliches Vermögen und keinen Erben.
Seit Jahren schon bin ich eine Bewunderin Ihrer künstlerischen Einfälle und möchte Sie nun gern testamentarisch zu meinem Alleinerben machen.
Würden Sie mir die Freude bereiten, dieses Erbe nach meinem Ableben anzunehmen?
Ich könnte mir auch vorstellen, daß Sie sich dann etwas intensiver um Ihre künstlerische Arbeit kümmern könnten.

Hochachtungsvoll

Carola v. Gästern

Konto: Dresdner Bank, Hagen 15001

Udo Lindenberg
ALS GAST IM
HOTEL MIRAMAR
2280 WESTERLAND/SYLT
TELEFON (04651) 7042

3.8.84

heute

Verehrte Frau von Gästern,

♥lichen Dank für Ihr Schreiben vom 21.7.84.

So sehr mich Ihr Ansinnen ehrt, mich zu Ihrem Erben zu machen, so schawierig ist's für mich, mich dazu zu verhalten.

Da Reichtum bekanntlich unglücklich macht, und ich sowiesowieso schon reichlich unglücklich bin, empfehle ich, verehrte Frau v. Gästern, Ihre Erbschaft humanitären und politischfort-schrittlichen Organisationen zukommen zu lassen.

Bei entsprechenden Vermittlungen wird ich Ihnen gerne behilflich sein.

Unbeschreibl. Dank für Ihr Vertrauen!

U. Freiherr von Sinnen
(Udo Lindenberg)

wolfgang neuss
Lohmeyerstraße 6
1 Berlin 10

am 1.August 1984

Sehr geehrte,allerliebste Frau von Gästern ,-

nun haben Sie es geschafft,rufe ich Ihnen zu.
Sie müssen sich damit abfinden,daß Sie nun nicht mehr sterben,weil Sie ausgerechnet m i c h zu Ihrem Erben erklären.
Ich habs leicht,ich nehme Ihre Großzügigkeit natürlich an.
Sie schreiben in Ihrer zweiten Zeile,daß Ihre Gedanken über das eigne Sein hinaus kreisen.
Ich teile Ihnen hier m e h r als eine Erbschaft mit :
Verehrte Frau Carola von Gästern, Sie leben i m m e r.
Das merken Sie aber erst,wenn Sie sterben.Ich weiß es schon vorher.Und ausgerechnet m i c h wollen Sie erben lassen, also vererbe ich Ihnen mein Wissen : Carola Gästern,Ihr Sein dauert ewig.Wenn Sie diesen Körper nicht mehr wollen, geht Ihr Geist nach oben und sucht sich (macht sich) einen neuen Körper.Es hat etwas mit Begeisterungsfähigkeit und Euphorie zu tun.
Aber l e b e n tuen wir immer.Ein Teil von uns ist nur aus Erde,der andere ist r e i n e r Geist,auch Gott genannt.
Diesem huldigen wir.
Sie sollen ,auf Wunsch eines einzelnen Herrn Neuss (aus Breslau), jetzt immer in Ihrem bestimmt niedlichen Altdamenkopf denken " warum soll ich eigentlich schon diesen Körper ablegen,es ist garnicht wahr,daß der Mensch sterben muß, das macht nur der jahrelange falsche Glaube, also? wenn ich alles vergesse,dann bin ich gestorben,aber deshalb kann doch der Körper mit Geist gefüllt anwesend bleiben" - so sollen Sie,verehrte unbekannte Dame,denken.

Das wünscht Ihnen von Herzen
Ihr Erbe
W. Neuss
Wolfgang Neuss

Das Wichtigste PS : warum,denken Sie,hat er so schnell zugesagt? Wegen Ihres Namens!
Wer " von Gästern " heißt und einen "Neuss" als Erben einsetzt,das ist ein lustiger aber heiliger Vorgang.Er ist sozusagen ein menschliches Denkmal und diese Idee,Frau von Gästern, stammt von Ihnen.
In Dankbarkeit und Fröhlichkeit.wolfgang neuss
W. Neuss

GERT FRÖBE
z.Zt. 2 HAMBURG 13
MOORWEIDENSTR. 5
TEL. 040·410

Sehr geehrte Frau v. Gärtens —

Aus Berlin zurückgekehrt fand ich Ihren Brief vor, der mich außerordentlich verwirrte.

Woher kennen Sie mich, — was hat Sie zu diesem Schritt bewogen — wieso fiel Ihre Wahl auf mich? Ich bin ganz ratlos und wüßte noch nichteinmal, ob ich ein so großzügiges Angebot überhaupt annehmen dürfte.

Doch eins weiß ich genau, daß ich Ihnen von ganzem Herzen danken möchte für die Idee, einem fremden Menschen eine große Freude bereiten zu wollen.

Ich grüße Sie sehr herzlich

Ihr Gert Fröbe

P.S: Vielleicht darf ich Sie einmal anrufen. Ich selbst bin in meiner Hamburger Wohnung bis auf weiteres täglich ab 20 Uhr zu erreichen.

RUDI Carrell

BÜRO:
HEISTERORT 11
2808 SYKE-WACHENDORF

Frau
Carola von Gästern
Hüttenstraße 43

4506 Hagen 1

Wachendorf, den 27. August 1984

Sehr verehrte Frau von Gästern,

für Ihren Brief vom 28. Juli 1984 bedanke ich mich sehr herzlich und fühle mich sehr geehrt, daß Sie mich zu Ihrem Alleinerben machen möchten.

Da ich finanziell jedoch weitgehendst unabhängig bin, möchte ich Ihnen den Vorschlag machen, daß wir gemeinsam eine Lösung finden, wem Sie Ihr Erbe vermachen könnten.

Ich würde mich freuen bald von Ihnen eine Antwort zu bekommen und verbleibe bis dahin

mit freundlichen Grüßen

RUDI CARRELL

BANKVERBINDUNG: VOLKSBANK BRUCHHAUSEN-VILSEN KONTO-NR. 10 666 600 (BLZ 291 616 82)

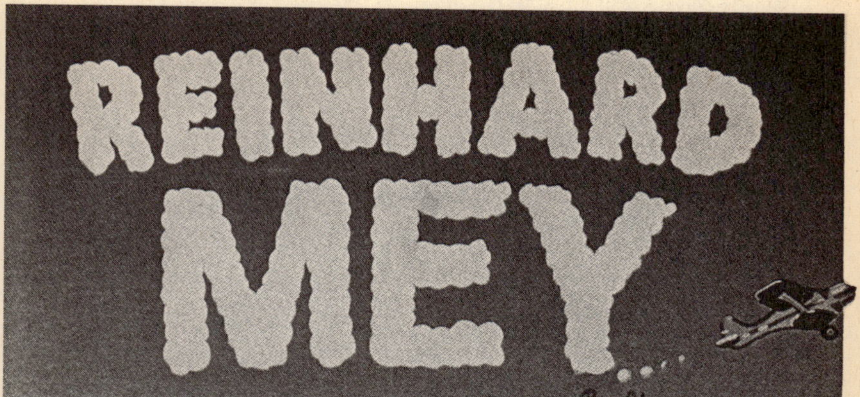

Berlin, den 5.9.1984

Sehr geehrte Frau von Gösten,

vielen Dank für Ihren freundlichen und überraschenden Brief, den ich bei der Rückkehr aus den Ferien vorfinde, ich freue mich, daß Sie meine Lieder so sehr schätzen!

Aber als lebensfroher, optimistischer Mensch, der ich nun mal bin, wünsche ich Ihnen, daß Sie hundert Jahre alt werden, und daß Sie Ihr Vermögen bei bester Gesundheit selbst genießen können!

Ich sende Ihnen herzliche Grüße!
Reinhard [illegible]

HELLER WERKSTATT GES.M.B.H.
A-1100 WIEN · DAVIDGASSE 79

An s.g.
Fr. Carola v. Gästern
Hüttenstraße 43
D-4506 Hagen 1

Wien, am 28.8.1984

Liebe Frau von Gästern !

Auf mir lastet das Erbe österreichischer Kunstgeschichte schwer genug. Ich kann mich daher unmöglich mit einer neuen Erbangelegenheit befassen.

Grüße vom

Heller

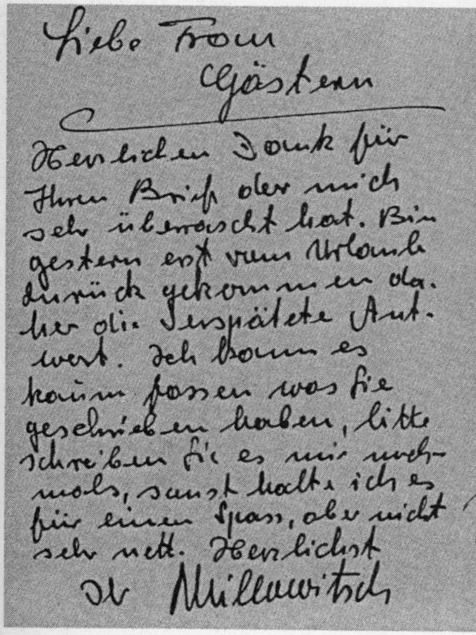
Liebe Frau
Gästern

Herzlichen Dank für
Ihren Brief der mich
sehr überrascht hat. Bin
gestern erst vom Urlaub
zurück gekommen da-
her die verspätete Ant-
wort. Ich kann es
kaum fassen was Sie
geschrieben haben, bitte
schreiben Sie es mir noch-
mals, sonst halte ich es
für einen Spass, aber nicht
sehr nett. Herzlichst
Ihr Millowitsch

HERBERT REINECKER

SONNLEITENWEG 23
8137 BERG 1

16.8.84

Sehr geehrte Frau von Gästern,

ich bin soeben aus einem vierwöchigen Urlaub zurückgekehrt und finde Ihren Brief vor, der mich ungeheuer überrascht hat.
Meine erste Empfindung war: da macht sich jemand über mich lustig, das ganze ist ein Scherz.
Ich lebe von meiner Phantasie, und meine Phantasie sagt mir auch, daß es keiner sein kann.
Wenn es keiner ist, würden Sie mir näh res mitteilen?
Über sich selbst, wer Sie sind, was Sie tun, wie Sie denken?
Und darüber was Sie bewogen hat zu diesem ungewöhnlichen Angebot, zu dem man ja nicht einfach ja oder nein sagen kann.
Es ist jedenfalls der ungewöhnlichste, der erstaunlichste Brief, den ich je erhalten habe.
Schon für dieses Erlebnis bin ich Ihnen Dank schuldig.

Mit herzlichen Grüßen
Ihr

Grit Boettcher

An der Fähre 6
8045 Ismaning

16. 8. 84

Liebe Frau von Gästen [?]

Ich bin etwas verwirrt! Sind Sie einsam? Brauchen Sie jemand, der Ihnen zuhört? Möchten Sie etwas weniger einsam sein?! – oder sind Sie es nicht?

Warum tun Sie das!!!

Mit lieben Grüßen
Ihre etwas fassungslose)
Grit Boettcher.

Lügen, Sprüche und Intrigen
Rechtswidrige Praktiken aufgedeckt
„Polizeiprotokolle sind frisiert“

Herrn
Winfried Bornemann
Lehrer
am Fillerschloss 47
4504
Georgsmarienhütte

Sehr geehrter Herr Bornemann !

Die Kriminalpolizeidirektion 4 / K 22 teilte mir heute mit, dass Sie Herr Bornemann es sind, der an Frau und mich Briefe mit einem Erbangebot geschrieben hat, unter dem Briefkopf: Carola von Gästern, und der auch diese Briefe mit diesem Namen unterschrieben hat.

Eine Fälschung und Irreführung also.

Ich verlange von Ihnen, dass Sie mir umgehend meinen Brief vom 26.7.84 zurücksenden.
Sollten Sie diesen Brief insgesamt oder in Auszügen veröffentlichen, werde ich Sie anzeigen, da der Tatbestand der Beleidigung gegeben ist.

Was in Ihrem Gehirn, dem eines " L e h r e r s " vorgeht, wenn Sie derartige hochstaplerische Fälschungen ausführen, entzieht sich meiner Kenntnis, Sie sollten jedoch dringend einen Psychiater über Ihren Zustand befragen.

Dass Sie mit Ihren hochstaplerischen Fälschungen Menschen kränken, scheint Ihnen gleichgültig zu sein. Aber es gibt trotz Allem noch das bürgerliche Gesetzbuch, Herr Bornemann .

Ich erwarte Ihre Stellungnahme, meinen Brief und Ihre Entschuldigung umgehend.

Günter Pfitzmann

Reifträgerweg 30
1000 Berlin 38

Bornemann!
Sie haben mich
unterschätzt.

Vertraulich

Und einer behielt klaren Kopf:

Er antwortete nicht, sondern hing lieber alles an die große Glocke

Dienstag, 6. November 1984 · 40 Pf
Nr. 261/45 · Hannover-Ausgabe · C5557A

Bild
HANNOVER
UNABHÄNGIG ÜBERPARTEILICH

Millionärin und Gräfin: Wir retten Juhnke

Die deutschen Frauen lassen Harald Juhnke nicht im Stich. Viele wollen ihn retten, trösten ihn, bieten ihm Geld an.
Eine Millionärs-Witwe aus dem Ruhrgebiet will ihm ihr ganzes Vermögen vermachen.
Eine Gräfin aus Süddeutschland besuchte ihn in seiner Züricher Klinik. Lesen Sie bitte weiter auf der letzten Seite

Juhnke: „Ganz reizende Damen"

FORTSETZUNG VON SEITE 1

Harald (55) gerührt: „Ganz reizende Damen. Ich fühle mich sehr geschmeichelt. Es ist gut zu wissen, daß man nicht nur Freunde hat, wenn man oben ist, sondern auch dann, wenn man mal unten ist."

Die beiden Damen hatten in BILD gelesen, daß Harald in der Nervenklinik ans Bett gefesselt werden mußte, als er nach tagelanger Sauftour erwachte und „durchdrehte". Harald: „Besonders die Stelle in BILD, wo beschrieben wird, daß ich mir meine eigene ZDF-Show im Streifenschlafanzug mit schwer Nervenkranken in der geschlossenen Abteilung ansehen mußte, hat sie wohl sehr traurig gemacht."

● Frau von G. (80), Witwe eines Stahl-Millionärs aus dem Ruhrgebiet, Alleinerbin, schrieb Harald: „Sie sind nicht allein, ich möchte Sie zu meinem Haupterben machen, damit Sie endlich keine Sorgen mehr haben und nur noch für Ihre wunderbare Kunst leben können."

„Wohnen Sie bei mir"

Harald: „Ich werde immer genug Geld verdienen, auch wenn die mögliche Scheidung von Susanne teurer wird. Aber ich finde Frau von G. sehr hochherzig. Hoffentlich bekommt sie keine Schwierigkeiten mit anderen Erben."

● Gräfin P. aus Süddeutschland lernte Harald vor zwei Jahren auf der Flick-Yacht kennen. Harald: „Eine liebe Frau um die 40. Sie besuchte mich. Wir gingen in ein Hotel essen. Sie machte mir neuen Lebensmut und bot mir ebenfalls finanzielle Hilfe an."

Aber auch andere Frauen trösten „Ihren" Harald. Eine Lehrerin (38) aus Dortmund: „Was auch immer geschieht, ich halte zu Ihnen."

Eine Grafikerin (29) aus München, nachdem Harald (blau) von seiner Frau rausgeschmissen wurde: „In meiner Zweieinhalb-Zimmer-Wohnung können Sie so lange bleiben, wie Sie wollen."

Harald Junke wird Ende der Woche aus der Klinik entlassen. Am 12. November startet er im Bernhard-Theater in Zürich seine große neue Tournee: „Harald '84".

Donnerstag, 15. November 1984 · 40 Pf
Nr. 269/46 · Hannover-Ausgabe · C5557 A

Bild
HANNOVER
UNABHÄNGIG · ÜBERPARTEILICH

Juhnke: 17 Millionen von Stahl-Erbin

Wird Harald Juhnke Millionär? Die reiche Stahl-Witwe aus dem Ruhrgebiet will ihm 17 Millionen Mark vermachen. Harald ist bereit, das Erbe anzutreten, um Gutes zu tun. Er will eine Schule für Nachwuchskünstler ins Leben rufen: „Ich muß endlich für einen neuen Juhnke sorgen. Schließlich kann ich ja nicht ewig den jungen Draufgänger spielen." Letzte Seite

Juhnke sucht den jungen Juhnke

FORTSETZUNG VON SEITE 1

Wie BILD berichtete, hatte die Witwe Frau von G. (80) an Harald Juhnke geschrieben: „Bitte seien Sie mein Erbe, damit Sie endlich Zeit haben, sich nur noch Ihrer Kunst zu widmen."

Harald: „Um nicht auf einen Scherz hereinzufallen – Frau von G. möge mir verzeihen – holte mein Anwalt diskrete Erkundigungen ein. Alles seriös! Das Vermögen der reizenden Dame wird auf 17 Millionen Mark geschätzt."

Harald schrieb ihr postwendend: „Ich werde Sie bald besuchen, damit wir die Einzelheiten festlegen können. Berechtigte andere Erben sollen natürlich nicht leer ausgehen."

Seinen Erbteil will Harald Juhnke auf der Bank „arbeiten" lassen. Von den Zinsen will er junge Show-Talente fördern. Harald:

Nachwuchs zu Frank Sinatra

„Ich bin 55, habe also höchstens noch zehn Jahre Zeit, dann muß ich ältere Herren spielen. Und weit und breit kein junger Juhnke in Sicht."

Juhnke, zur Zeit mit seiner Show „Harald '84" in der Schweiz umjubelt (Deutschland-Premiere: 19. November in Hamburg): „Ich werde mit den Millionen eine Stiftung für Nachwuchstalente gründen, und (wie einst O. E. Hasse) jährlich einen ‚Juhnke-Nachwuchspreis' vergeben.

Das größte Juhnke-Talent werde ich selbst ausbilden, aber auch zu Frank Sinatra, Dean Martin und Yves Montand schicken, damit es internationalen Schliff bekommt."

Freitag, 16. November 1984 · 40 Pf
Nr. 270/46 · Hannover-Ausgabe · C5557 A

Bild
HANNOVER
UNABHÄNGIG · ÜBERPARTEILICH

Juhnkes falsche Witwe

Harald Juhnke: „Frau Carola von Gästern aus Hagen schrieb mir, daß sie mich zum Alleinerben ihres beträchtlichen Vermögens machen will – richtig mit Briefkopf in Sütterlin auf feiner Bütte. Mein Anwalt sagte mir, daß es sich um ein schwerreiche Stahl-Witwe aus Essen handelt, mindestens 17 Millionen Mark schwer. Da hatte ich keine Zweifel mehr und wollte das Erbe antreten."

Was Harald nicht ahnte: Ähnliche Briefe hatten auch viele andere bekommen.

Dieter Thomas Heck schrieb zurück: „Ihre Absicht, mich in Ihrem Testament zu bedenken, hat mich tief berührt. Meine Frau und ich würden uns sehr freuen, Sie in unserem Hause begrüßen zu dürfen."

Krimi-Star Heinz Drache: „Ich schaltete meinen Bankchef ein. Er ermittelte, da stimmt was nicht."

Ex-Wirtschaftsminister Graf Lambsdorf schrieb „Frau von Gästern": „Liebe, gnädige Frau, ich bedanke mich sehr herzlich und werte Ihr Erbschaftsangehot als Anerkennung meiner politischen Arbeit. Wir sollten uns unbedingt demnächst kennenlernen..."

Udo Lindenberg „Sie wissen doch, gnädige Frau, Geld macht nicht glücklich. Und ich bin schon unglücklich genug..."

André Heller: „Ich hab' schon das ganze österreichische Kulturerbe auf dem Rücken, da kann ich kein weiteres dazunehmen." **Günther Pfitzmann** schrieb nur einen Satz: „Bornemann, Sie haben mich unterschätzt!"

Der pfiffige Berliner Schauspieler hatte „Frau von Gästern" enttarnt. Hauptschullehrer Winfried Bornemann (39), eine Art Eulenspiegel aus Georgsmarienhütte (Teutoburger Wald): „Ich schreibe seit Jahren unter falschen Namen Briefe an Prominente, mache aus ihren Antworten Bücher. ‚Die Erbtante' soll mein drittes werden. **Ich bin Humorist, will die Menschen nicht bloßstellen, bin nur auf ihre witzigen Reaktionen aus."**

17-Mio-Juhnke wieder arm

rb. **Berlin,** 16. November

Harald Juhnke erbt keine einzige der 17 Millionen, die ihm eine „Stahl-Witwe aus dem Ruhrgebiet" hinterlassen wollte. Die „Stahl-Witwe" ist in Wahrheit ein Lehrer aus dem Teutoburger Wald, der sich mit dem großen TV-Star aus Berlin einen Riesenspaß erlaubt hat. Er heißt Winfried Bornemann (38) und hat unter dem Namen „Carola von Gästern" nicht nur Juhnke, sondern sogar Ex-Wirtschaftsminister Graf Lambsdorff mit der „Erbschaft" reingelegt. Wen noch?

Lesen Sie den Bericht auf Seite 9.

ADOLF und KUNIGUNDE von MORGEN

Frau
Carola von Gästern

Hüttenstr. 43
D 4506 Hagen

August 1984

Werte Frau von Gästern,

Ihr rührendes Angebot im Schreiben vom 28. Juli ist leider an so viele Personen gegangen, daß man sich ausrechnen kann, was da noch für mich übrigbleibt.

Also mit dem Trick von "Vorgästern" scheinen Sie durchschaut zu sein, aber nichts desto trotz wünschen wir Ihnen alle noch ein langes Leben.

Adolf und Kunigunde
von Morgen

SEKRETARIAT
HILDEGARD KNEF

Frau
Carola von Gästern
alias Bornemann
Hüttenstraße 43
4506 Hagen 1

Berlin 41, den 27.7.1984
Johanna-Stegen-Straße 28G

Betr.: Erbschaft

Sehr geehrter Herr Bornemann,

vermutlich ist Ihnen entgangen, daß Frau Knef seinerzeit mit großem Erfolg die weibliche Hauptrolle in dem amerikanischen Theaterstück 'Die ist nicht von gestern' gespielt hat. Auch ich bin nicht von 'gästern', und eine kleine Rückfrage bei der Dresdener Bank bestätigte meine Vermutung, daß es in Hagen keine Filiale gibt. Geben Sie es zu, das ganze ist einfach zu plump und durchsichtig. Ich habe Ihr Schreiben zur weiteren Bearbeitung meiner Bank, der Tochter der Dresdener, übergeben.

Übrigens ist Frau Knef im Dezember 1982 (!) nach den Vereinigten Staaten ausgewandert; sie wohnt jetzt in Hollywood. Sie sehen, Fehler über Fehler! Bessern Sie sich.

Mit schalkhaften Grüßen

Hans Schneider

Hans Schneider

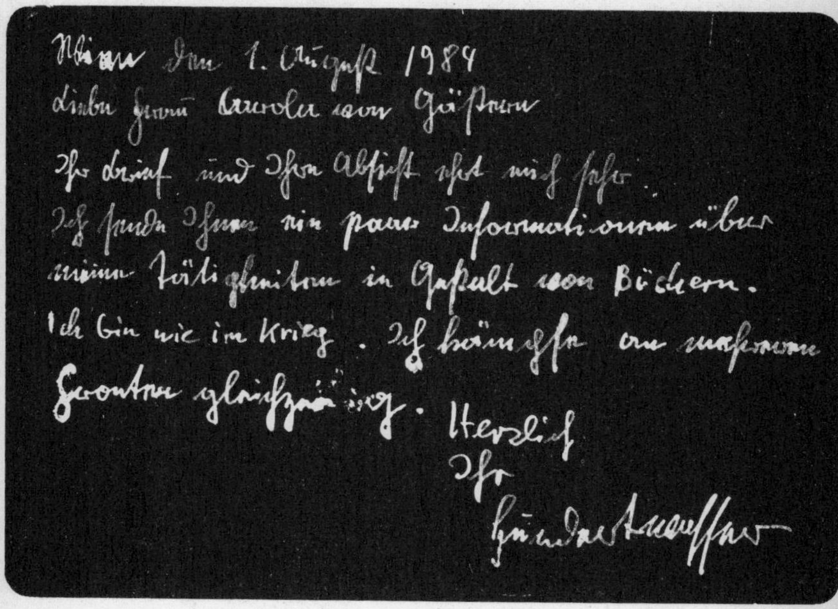

Wien den 1. August 1984
Liebe Frau Carola von Gästern
Ihr Brief und Ihre Absicht ehrt mich sehr.
Ich sende Ihnen ein paar Informationen über
meine Tätigkeiten in Gestalt von Büchern.
Ich bin wie im Krieg. Ich kämpfe an mehreren
Fronten gleichzeitig. Herzlich
Ihr
Hundertwasser

Wien den 1. August 1984
Liebe Frau Carola von Gästern
Ihr Brief und Ihre Absicht ehrt mich sehr.
Ich sende Ihnen ein paar Informationen über
meine Tätigkeiten in Gestalt von Büchern.
Ich bin wie im Krieg. Ich kämpfe an mehreren
Fronten gleichzeitig. Herzlich
Ihr
Hundertwasser

Hansjörg Felmy
Berghofen 5o
8311 Eching

Frau
Carola von Gästern
Hüttenstrasse 43
45o6 Hagen 1

den 2. August 1984

Sehr geehrte Frau von Gästern,

Ich bedanke mich herzlich für Ihre Zeilen vom 28.Juli.
Zunächst möchte ich mal sagen, daß ich mich natürlich sehr geehrt fühle durch Ihre Zeilen und wenn es Ihnen hoffentlich eine kleine Freude macht, daß ich ein Foto mit Widmung beifüge, so würde mich das freuen.
Ich kann Ihnen weiter sagen, daß wir ab September auf einer großen Deutschlandtournee sind mit Ibsens "Volksfeind" und auch am Montag den 1o.Dezember 84 in Hagen gastieren werden.
Vielleicht macht es Ihnen Spaß, die Vorstellung zu sehen.
Man könnte dann nach der Vorstellung ein Gläschen Wein zusammen trinken, wenn Sie Lust haben.
Leider weiß ich nicht wo wir spielen. Aber ich denke, man kann das den Plakaten entnehmen.
Ich würde mich dann um eine (oder mehr?) Karten für Sie bemühen.
Für heute verbleibe ich mit den herzlichsten Grüßen

Ihr

JÖRG DEMUS
DÖBLINGER HAUPTSTR. 77 A
A 1190 WIEN XIX.

Weyregg, 18. August 1984

Liebe Frau von Gästern !

Ich danke Ihnen sehr für Ihren überaus liebenswürdigen, mich sehr überraschenden Brief - und vergeben Sie bitte meine etwas verspätete Antwort, eben erst kam ich von einer Konzertreise aus Italien zurück.
Sie schreiben so freundlich, ich möge Ihnen "diese Freude bereiten" - aber in Wahrheit sind ja Sie es, die mich eines so großen Vertrauens würdigt ! Da sich dieses Vertrauen auf eine Wertschätzung meiner künstlerischen Tätigkeit gründet, darf ich Ihren großzügigen Vorschlag in aufrichtiger Dankbarkeit annehmen, hätte aber nun meinerseits auch einen echten Wunsch : Nämlich den, Ihnen in irgendeiner Form Freude zu bereiten, oder - falls Sie es benötigen sollten - behilflich zu sein. Ich weiß ja nicht, ob Sie gerne reisen - dann würde ich Sie so gerne auf meinem musikalischen Refugium im Salzkammergut begrüßen, wo ich etwa 30 historische Klaviere habe und zur Zeit gerade einen Kursus für junge Pianis ten abhalte.
Oder ich könnte Ihnen die Städte in Ihrer näheren Umgebung nennen, wo ich konzertieren werde oder Sie auch, falls Sie dies wünschen, gerne besuchen. Auch möchte ich Ihnen so gerne mit Schallplatten Freude bereiten (was wären Ihre Lieblingskomponisten ?) und Ihnen meine 2 kleinen Bücher übersenden.
Ich werde mich sehr über jedes persönliche Zeichen von Ihnen, liebe gnädige Frau, freuen -
und verbleibe mit allen lieben Wünschen
Ihr herzlich grüßender

Jörg Demus

EK

Evelyn Künneke · Giesebrechtstr. 5 · 1000 Berlin 12

Evelyn Künneke · Giesebrechtstraße 5 · 1000 Berlin 12

Frau
Carola von Gästern
Hüttenstr. 43

4506 H a g e n 1

Berlin 12, den 28.7.1984 KÜ/bö

Liebe Frau von Gästern,

herzlichen Dank für Ihren Brief, er hat mich sehr beeindruckt. Gern würde ich Ihr Angebot annehmen, wenn es Ihr Wunsch ist; allerdings hoffe ich, daß Sie noch recht lange leben.

Als Anlage sende ich Ihnen meine letzte Schallplatte und würde mich freuen, wenn sie Ihnen gefällt.

Wenn Sie einmal nach Berlin kommen sollten, rufen Sie mich doch bitte an und besuchen Sie mich.

Z.Zt. kann ich leider nicht arbeiten, da bereits seit Wochen starke Schmerzen an der Bandscheibe und den Hüftgelenken mich stark behindern. Ich bin bei guten und renomierten Ärzten in Behandlung und hoffe, daß ich zur Herbstsaison wieder fit bin.

So muß ich mich während dieser kühlen Sommertage auf meine Malerei beschränken. Sehr wahrscheinlich werde ich in Berlin eine eine Ausstellung meiner Bilder machen und hoffe, einige zu verkaufen.

Nochmals alles Gute für Sie und herzliche Grüße

Evelyn Künneke

GEORG MARISCHKA München, 22.Aug. 1984

Hochverehrte gnädige Frau !

Seien Sie herzlichst für Ihre überaus freundlichen Zeilen bedankt! Sie können kaum ermessen, wie sehr mich Ihr Brief erfreut hat.

Ich muß Ihnen nämlich gestehen, wir Filmemacher haben oft einsame Stunden, in denen wir uns die bange Frage stellen, ob der Beruf, den wir seinerzeit ergriffen haben, letztendlich nicht doch recht äußerlich, schal und - sagen wirs rund heraus - sogar etwas dumm ist.

Umso mehr müssen Sie es mir zugute halten, daß es mich mit großem Stolz erfüllt, zu erkennen, daß es doch Menschen gibt, die man mit seinen "künstlerischen Einfällen", um Sie, verehrte gnädige Frau, zu zitieren, das Leben ein wenig erhellen durfte.

Was Ihr großzügiges Angebot betrifft, so muß ich zugeben, daß es für mich zwar eine große Hilfe bedeuten würde, mich dadurch auf gediegenere Filmvorhaben konzentrieren zu können, die eigentlich mein wahres Anliegen sind.

Dennoch kommen mir Bedenken, ob Ihr Vermögen nicht weit besser angelegt wäre, wenn damit nicht einem, sondern mehreren begabten und der finanziellen Unterstützung ebenso bedürftigen Filmschaffenden geholfen werden könnte.

Sollten Sie diese meine Meinung teilen, wäre ich Ihnen bei der Auswahl dieser Künstler selbstverständlich gerne behilflich. Dabei wäre es allerdings von Vorteil, zu wissen, über welche Beträge es sich in etwa handeln würde, um besser disponieren zu können. Ich hoffe, sehr verehrte gnädige Frau, daß Sie diese rein akademische Bitte um Information nicht mißverstehen!

In den nächsten Tagen wird sich mein Rechtsberater, Herr Dr. v. Mörgen erlauben, telefonisch bei Ihnen vorzusprechen, um Ihnen meine Idee im Detail zu erläutern.

Sollten Sie jedoch bei Ihrer ursprünglichen Absicht bleiben, so kann ich Ihnen versichern, daß ich stets bemüht sein werde, Ihnen mit all meinem künstlerischen Verantwortungsbewußtsein und mit dem Borne meiner langjährigen beruflichen Erfahrung zu beweisen, daß Sie in mir den richtigen Mann zu Ihrem Universalerben erwählt haben.

Aber ich will Sie natürlich in keinster Weise beeinflussen!

Schöne Grüße

Georg Marischka

Schade, - es wäre nicht ganz unflott gewesen!

Katholisches Pfarramt
Herz Jesu

8000 MÜNCHEN 19, 27.7.84
Romanstraße 6 · Tel. 160733

Frau
Carola von Gästern
Hüttenstr. 43
4506 H a g e n 1

Sehr geehrte Frau von Gästern,

mein Freund, Sigi Sommer erzählte mir von Ihrem Brief. Er ist nicht nur überrascht, sondern auch gerührt über Ihr Angebot.
Als Pfarrer - Freund von Herrn Sommer - danke ich Ihnen für Ihr hochherziges Angebot, ich möchte sagen, daß Sie durch Ihren Entschluß einem würdigen helfen. Vorerst läßt Herr Sommer durch mich herzlich danken und grüßen.

Ich bin mit dem Ausdruck meiner Wertschätzung

Ihr
Fritz Betzwieser.

JÜRGEN v. MANGER

469 HERNE, DEN 5. August 1984
HÖLKESKAMPRING 184

Sehr verehrte gnädige Frau

erst nach längerer Abwesenheit von zu Hause habe ich gestern Ihren Brief vom 23. Juli erhalten - bitte, entschuldigen Sie, daß ich heute nur mit einiger Verspätung antworten kann.

Für Ihre freundlichen Zeilen möchte ich mich sehr herzlich bedanken. Dabei muß ich freimütig bekennen, daß ein Brief solchen Inhalts in meinem auch schon 61 jährigen Leben bisher noch nicht an mich gelangte.

Was soll ich Ihnen nun sagen ?
Vor allem fühle ich mich durch Ihre Freundlichkeit ausgezeichnet und geehrt ! Für jemand, der im Rahmen des Theaters oder Films schafft, sind Applaus und Zuneigung des Publikums das berühmte "Brot des Künstlers", dem ja ansonsten "die Nachwelt keine Kränze windet".

In Ihrem Angebot darf ich wohl eine ganz besondere Sympathieerklärung sehen, die ich natürlich als beglückend empfinde.

Nur: ob i c h der R i c h t i g e bin ? ?

Spontan habe ich den Wunsch, ein Kaffeeplauderstündchen mit Ihnen zu verabreden - nur so: zum Kennenlernen.
Vielleicht ergibt sich ein Kontakt, der uns bei späterer Gelegenheit auch über Ihre Absichten sprechen läßt.

Bitte, sehr verehrte gnädige Frau, lassen Sie mich wissen, ob ich Ihnen einmal als Kaffeegast in Hagen am Teutoburger Wald genehm bin, oder ob Sie eine Einladung nach Herne annehmen (- wobei ich Sie selbstverständlich abholen und zurückbringen würde).

Mit nochmaligem Dank und sehr herzlichen Grüßen

bin ich

Ihr Jürgen v. Manger

...be die Ma-
...inenschrift zu
...schuldigen -
...sollten mit
...einer Schreibschrift
...schont bleiben...

PERSONENRÄTSEL

München, 10. August 1984

An
Frau Carola von Gästern
Hüttenstraße 43

4506 Hagen 1

Sehr geehrte Frau von Gästern!

Als ich von Ihrem Brief - zunächst telefonisch - erfuhr, war ich erfreut und auch ein wenig erschrocken. Nun liegt Ihr Schreiben vor mir und ich habe lange darüber nachgedacht.

Wäre es in diesem nun an mich herangetretenen Fall nicht ein Gebot des Anstandes, Ihnen die Möglichkeit zu geben, sich über meine Musik hinaus auch einen persönlichen Eindruck von mir zu bilden?

Bitte fürchten Sie nicht, ich wolle mich etwa in Ihr Leben hineindrängen, die Entscheidungen darüber, ob wir uns einmal treffen sollten, können und sollen nur Sie alleine treffen.

Für mich wäre es jedenfalls eine Freude, dem Menschen einmal zu begegnen, der mir über die alltäglichen Anerkennungen hinaus einen so großen Sympathie- und Vertrauensbeweis entgegenbringt. Gerade in dieser harten und unpersönlichen Zeit bedeutet mir das sehr viel.

Sie haben übrigens recht mit Ihrer Feststellung: Eine etwas größere Unabhängigkeit würde mir sehr wohl dazu verhelfen, mich intensiver um meine künstlerische Arbeit zu kümmern und vieles Eigene durchzusetzen, was sonst nur mit störenden Konzessionen realisierbar ist.

Sie fragen mich ganz klar und direkt, ob ich das Erbe annehmen würde. Meine ebenso klare und ehrliche Antwort lautet: Ja, mit großer Freude und ebenso großem Dank!

Ich möchte aber ungern nur der nehmende Teil sein und am liebsten eine Form finden, die Freude, die Sie mir machen wollen, auch meinerseits mit Freude zu vergelten, gleichsam "im Vorhinein".

Erlauben Sie bitte, daß ich Ihnen noch etwas für mich sehr Ernstes und Wichtiges sage: Ich bin ein stark vom Gefühl geformter Mensch. Die von Ihnen beabsichtigte Verfügung ist gekoppelt an Ihren Abschied von diesem Dasein und es belastet mein Herz schon jetzt, wenn ich daran denke.

Dafür kann ich aber nichts, aber stellen Sie sich bitte vor: Ich kenne Sie bisher nur durch Ihren kurzen und inhaltsschweren Brief. Einer meiner ersten Gedanken war, da hast Du also in all den Jahren zäher Arbeit mit Deiner Person und Deiner Musik doch Menschen etwas geben können, wofür sie bereit sind, Dir über den "Tagesapplaus" hinaus Dank zu beweisen.

Wie gerne hätte man einen so liebenswerten, starken und wohlgesonnenen Menschen zu dessen Lebzeiten neben sich oder doch wenigstens im Hintergrund gewußt.

Das ist alles sehr vereinfacht ausgedrückt, bitte nehmen Sie mir das nicht übel.

Ich werde mich bemühen, die Dinge mit der gleichen bewundernswerten Sachlichkeit zu sehen, die aus Ihrem Brief spricht und alles, was an mir liegt, dazu beitragen, daß Sie Ihren Entschluß so verwirklichen können, wie es Ihren Wünschen entspricht.

Meine neueste Single-Aufnahme schicke ich Ihnen gesondert. Sie ist gerade erst in den Handel gekommen, aber noch nicht überall erhältlich. Vielleicht gefällt sie Ihnen. Mit Freude würde ich Ihnen auch andere vielseitige Beispiele meiner Musik schicken, falls Sie nichts dagegen haben.

Ihr

bekannter Schlagersänger

Klaus Doldinger

8021 ICKING

2 - 8 - 84

Frau
Carola von Gästern

Hüttenstr. 43

4506 HAGEN 1

Liebe Carola von Gästern,

wär` ich von gestern, nähm` ich Ihr großzügiges Angebot hocherfreut an. Da ich aber nun `mal von heute bin, würde ich es lieber sehen, wenn Sie Ihr Vermögen einem gemeinnützigeren Zweck zukommen lassen würden: Zum Beispiel in Form einer Spende in jeder beliebigen Höhe an die UNION DEUTSCHER JAZZMUSIKER e. V., Konto Nr. 49 0000 01 bei der Kreis=sparkasse, Peine, BLZ 252 500 01.
Ich bin sicher, daß Ihr Geld auf diese Art und Weise hervorragend angelegt wäre, da es so einer größeren Zahl von Künstlern zugute kommen könnte.

Mit freundlichen Grüßen

(Klaus Doldinger)

Christiane Maybach 1984

Berlin 27. Juli 84

Sehr geehrte Frau v. Gästen,
danke für Ihren Brief, vom „Juli 84", den ich für einen verspäteten Aprilscherz hielt, aber ich möchte Ihnen dennoch ein kleinen Gruss aus Berlin überschicken. Mit freundlichen Grüssen

Christiane Maybach

Carola von Gästern

4506 Hagen 1 - Hüttenstraße 43

Gleichlautende Briefe gingen an viele prominente Politiker

Sehr geehrter Herr

als alte und alleinstehende Dame denkt man nicht nur an die Vergangenheit, nein, die Gedanken kreisen auch über das eigene Sein hinaus.
Kurz gesagt, ich habe ein beträchtliches Vermögen und keinen Erben.
Seit vielen Jahren habe ich Ihr engagiertes und couragiertes Auftreten verfolgt und bewundert und möchte Sie nun gern testamentarisch zu meinem Alleinerben machen.
Würden Sie mir die Freude bereiten, dieses Erbe nach meinem Ableben anzunehmen? Wohlgemerkt: ich meine Sie ganz persönlich und wünsche keine Weitergabe an die Parteikasse.

Hochachtungsvoll

Carola v. Gästern

Konto: Dresdner Bank, Hagen 15 001

HANS-DIETRICH GENSCHER

Bonn, den 1. August 1984

Frau
Carola von Gästern
Hüttenstraße 43

4506 Hagen 1

Sehr geehrte Frau von Gästern,

Sie werden sich sicher gefragt haben, warum Sie nicht längst auf Ihren Brief vom 7. Juli 1984 eine Antwort erhalten haben. Ihr Brief und die guten Worte, die Sie darin für mich gefunden haben, haben mich sehr gerührt. Denn gerade in schwieriger Zeit wird ein solcher Zuspruch dankbar empfangen.
Ihr Angebot, mich zu Ihrem Alleinerben einzusetzen, ehrt mich natürlich sehr. Aber ich frage mich, ob Sie nicht doch Ihr Vermögen für einen wohltätigen Zweck einsetzen wollen. Vielleicht sollten Sie Ihre Absicht in diesem Sinne noch einmal überdenken. Ganz unabhängig davon würden meine Frau und ich uns sehr freuen, wenn wir Sie einmal kennenlernen könnten.

Mit herzlichem Dank und allen guten Wünschen

Ihr

Hans-Dietrich Genscher

Dr. jur OTTO GRAF LAMBSDORFF

Fritz-Erler-Str.23
53 Bonn 1
Tel.: 0228/212201

Frau
Carola von Gästern
Hüttenstr.43
4506 Hagen 1

Sehr verehrte, gnädige Frau,

für Ihren Brief vom 7.Juli 1984 bedanke ich mich herzlich.

Ihre Frage überrascht mich, aber sie ehrt mich auch, weil ich sie als Reaktion auf meine Amtsführung und mein Verhalten in der Öffentlichkeit werte. Das veranlasst mich, die von Ihnen gestellte Frage mit Ja zu beantworten.

Ich gebe aber zu bedenken, daß Sie mich nur aus den Medien kennen. Die Erfahrung lehrt, daß zwischen dem so gewonnenen und dem persönlichen Eindruck oft ein Unterschied besteht. Deshalb erlaube ich mir die Anregung, daß Sie mich persönlich kennenlernen, wozu ich Sie selbstverständlich gerne aufsuchen würde.

Mit freundlichen Grüßen
Ihr sehr ergebener

»Wenn einem schon mal was Gutes angeboten wird, soll man gleich mehr nehmen.«
Otto Graf Lambsdorff, 57, Bundestagsabgeordneter der FDP
stern

Dr. jur OTTO GRAF LAMBSDORFF

Bonn, 23. August 1984
Fritz-Erler-Strasse 23

Frau
Carola von Gästern
Hüttenstrasse 43
45o6 Hagen 1

Sehr geehrte Frau von Gästern
(oder Herr/Frau X) !

Schade, dass Sie das neckische Spiel nicht fortgesetzt haben. Ich gebe zu, dass das schwierig geworden wäre, nachdem Sie Ihr sagenhaftes Vermögen im Wege der Postwurfsendung feilgeboten haben. Aber ich dachte bei meiner Antwort, dass Ihr Einfallsreichtum doch gross genug wäre, um nicht nur den ersten Zug in so einem Spiel zu tun.

Offenbar hat Ihr leicht schwärzlicher Humor doch etwas zu enge Grenzen. So wünsche ich Ihnen ein langes Leben, damit der Erbfall nicht so bald eintritt.

Besten Gruss!

Norbert Gansel (SPD)
Mitglied des Deutschen Bundestages

5300 Bonn 1
Bundeshaus
(0228) 16 37 58

2300 Kiel
Feldstraße 88

3, 8, 1984/s

Frau
Carola von Gästern
Hüttenstr. 43

4506 Hagen 1

Sehr geehrte Frau von Gästern!

Über Ihren Brief vom 28. 7. 1984 habe ich mich gefreut. Ich empfand ihn als einen politischen und persönlichen Vertrauensbeweis.

Abgesehen von Ihrem großzügigen Angebot klingt Ihr Brief so sympathisch, daß ich mir nicht vorstellen kann, daß eine solche Frau keine Freunde oder Bekannten hat, denen sie durch eine Erbschaft Hilfe leisten oder Freude machen kann. Sicherlich kennen Sie auch Menschen, die sich in einer Notsituation befinden und für die eine Erbschaft von existentieller Bedeutung sein kann.

Ich bin jedenfalls der Meinung, daß ein Politiker das Angebot, das Sie mir ja schließlich aufgrund meiner politischen Tätigkeit gemacht haben, nicht annehmen darf. Die politische Arbeit, die ich mache, kann allerdings durch eine Spende an den Parteivorstand der SPD in Bonn unterstützt werden. Ich selbst spende seit vielen Jahren regelmäßig für den Solidaritätsfonds der Friedrich-Ebert-Stiftung, mit dem Studenten aus Entwicklungsländern oder Studenten aus der Bundesrepublik geholfen wird, die durch die neue Gesetzgebung in Existenznot gekommen sind. Ich finde auch die Arbeit des Marie-Schlei-Hilfswerks eine Unterstützung wert, Mit diesem Hilfswerk werden Selbsthilfeeinrichtungen für Frauen in Entwicklungsländern finanziert. Schon mit kleinen Beträgen kann dort Großes und Gutes bewirkt werden.

Über beide Hilfseinrichtungen will ich Ihnen gerne Material zuschicken, wenn es Sie interessiert.

Haben Sie bitte Verständnis für meine Haltung. Sie beruht auf Überzeugungen und Erfahrungen. Wäre ich ein anderer Mensch, hätten Sie wahrscheinlich nicht das Vertrauen zu mir gefunden, das in Ihrem Brief zum Ausdruck gekommen ist.

Mit freundlichen Grüßen

Norbert Gansel

Dr. Bruno Heck
Bundesminister a. D.

Rochusweg 45
5300 Bonn 1
Tel. 0228/231950

Heubergstraße 70
7209 Gosheim

12. Juni 1984
Vk.

Frau
Carola von Gästern
Hüttenstraße 43

4506 Hagen 1

Verehrte Frau von Gästern,

fürs erste darf ich um Verständnis dafür bitten, daß ich mich, nachdem ich Ihren Brief vom 28.5., der bei mir erst am 8.6. eingegangen ist, erhielt, trotzdem nicht gleich an den Schreibtisch gesetzt habe, um Ihnen zu antworten.

Sie möchten mich zu Ihrem Alleinerben machen, und das ist wesentlich mehr als eine materielle Verfügung; das geht nicht nur Sie für sich allein, das geht auch nicht nur mich für mich allein an, das berührt uns beide und stiftet ein verwandtschaftsähnliches Verhältnis. Es ist keine Annahme an Kindes Statt, aber es ist wie eine Annahme an Kindes Statt. Das war und ist für mich eine ungewöhnliche Überraschung, die ich allerdings ehrend und dankbar empfinde.

Über die Pfingsttage nun habe ich auf weiten Spaziergängen das Überraschende und Ungewöhnliche bedacht, und wie hätte ich dies anders tun können, als im Dialog mit den fünf Sätzen Ihres Briefes. Es ist ein Dialog mit Ihnen geworden, mit der alten Dame, die nicht nur an die Vergangenheit denkt, deren Leben in ihren Gedanken die Spanne Zeit des eigenen Lebens übersteigt und mit dem, was sie hinterlassen wird, in ihrem Sinne weiter wirken möchte.

Offenbar haben Sie ein Bild von mir gewonnen, das Sie mir, ohne daß wir uns je gesehen und gesprochen haben, in beträchtlichem

- 2 -

Vertrauen verbindet. Die fünf Sätze Ihres Briefes lassen Sie mir als Dame erscheinen, die zu ihrem Leben ein geklärtes und bewußtes Verhältnis hat und der dazu eine eigene Meinung, ein eigenes Urteil und ein eigener Wille zu eigen ist.

So wurde denn auch das Ergebnis meines Dialogs mit Ihrem Brief ein Dialog mit Ihnen. Am Ende dieses Dialogs kann und darf ich Ihnen sagen, daß ich Ihnen herzlich für so großes Vertrauen danke und daß es für mich eine Ehre und Freude ist, Ihr Erbe zu gegebener Zeit anzunehmen.

Darf ich noch eine Bitte anfügen? Ich möchte meinen Dialog mit Ihnen fortführen und Sie deswegen gelegentlich in Hagen besuchen. Lassen Sie mich bitte wissen, ob und wann und um welche Zeit Ihnen dies angenehm wäre.

Mit viel Hochachtung und herzlichen Grüßen
Ihr

PETER GLOTZ
BUNDESGESCHÄFTSFÜHRER DER SPD

OLLENHAUERSTRASSE 1
5300 BONN 1
TELEFON 53 22 64/308

Frau
Carola von Gästern
Hüttenstraße 43

4506 Hagen 1

24. Juli 1984

Sehr verehrte gnädige Frau,

ich bedanke mich sehr herzlich für Ihren Brief vom 7. Juli, den ich leider erst heute beantworten kann, da ich für 14 Tage im Urlaub war.

Ihre Frage ehrt mich. Ich begreife sie als Anerkennung meiner politischen Arbeit.

Ich weiß nicht, ob man einen Menschen vor allem durch Rundfunk- und Fernsehauftritte ausreichend kennenlernen kann. Ich erlaube mir deshalb, Ihnen mein letztes Buch, "Die Arbeit der Zuspitzung" zuzusenden, aus dem einiges mehr zu erkennen sein dürfte, als aus so manchem Fernsehinterview.

Im übrigen neige ich dazu - wenn Sie selbst dem positiv gegenüberstehen - alles andere einem persönlichen Gespräch vorzubehalten.

Mit vorzüglicher Hochachtung

Ihr P. Glotz

PETER GLOTZ
BUNDESGESCHÄFTSFÜHRER DER SPD

OLLENHAUERSTRASSE 1
5300 BONN 1
TELEFON 53 22 64/308

13. September 1984

Frau
Carola von Gästern
Hüttenstraße 43

4506 Hagen 1

Sehr verehrte, gnädige Frau,

heute möchte ich auf mein Schreiben vom 24. Juli 1984 zurückkommen.

Ich habe meine Büroleiterin, Ilse Stiewitt, gebeten, Sie zu besuchen. Sie handelt bei diesem Besuch in meinem Namen und würde am

24. September 1984, 15.00 h,

zu Ihnen kommen, falls wir nichts Gegenteiliges von Ihnen hören.

Mit vorzüglicher Hochachtung

WINFRIED
BORNEMANN
FILLERSCHLOSS
4504 GEORGSMARIENHÜTTE

17.9.84

Herrn
Peter Glotz
Bundesgeschäftsführer der SPD
Ollenhauerstr. 1

5300 BONN 1

Betr.: Erbschaft der Carola v. Gästern

Sehr geehrter Herr Glotz,

meine Freundin Carola v. Gästern bat mich, Ihnen mitzuteilen, daß ihr der Besuch Ihrer Büroleiterin Frau Ilse Stiewitt doch recht ungelegen kommt.
In dieser Zeit erwartet Frau v. Gästern den lieben Besuch ihrer Cousine Martha von Wegen. Beide möchten in äußerster Ruhe und Entspannung eine Partie Canasta spielen. Außerdem läßt Frau v. Gästern mitteilen, daß sie in einer Angelegenheit von derartiger Tragweite wohl erwarten darf, daß sich der Kandidat höchstpersönlich bei ihr vorstellt. Haben Sie deshalb bitte Verständnis dafür, daß Frau v. Gästern vorerst von einer Überschreibung ihres Erbes Abstand nehmen möchte.

Beste Grüße

Wenn Sie von uns am selben Tag mehrere Briefsendungen erhalten, dann kommen diese aus verschiedenen Abteilungen.
Alles zu einem Brief zusammenzutragen ist teurer als Mehrfachporto.

PETER GLOTZ
BUNDESGESCHÄFTSFÜHRER DER SPD

OLLENHAUERSTRASSE 1
5300 BONN 1
TELEFON 53 22 64/308

24. September 1984

Herrn
Winfried Bornemann
Fillerschloß

4504 Georgsmarienhütte

Sehr geehrter Herr Bornemann,

herzlichen Dank für Ihren Brief vom 17. September. Nichts versteht unsereiner besser, als eine Abhaltung wegen einer Partie Canasta. Genauso werden Sie verstehen, daß wir auf die intensiven und mehrfachen freundlichen Angebote von Frau von Gästern natürlich auch intensiv und freundlich antworten mußten; schließlich bedeutet es etwas, wenn uns ein Bürger so viel Vertrauen schenkt, daß er der Partei zuerst eine Spende von 200.000 DM und anschließend dem Bundesgeschäftsführer gleich ein ganzes Erbe anbietet.

Für spätere Fälle darf ich Ihnen übrigens sagen, daß Frau Stiewitt eine vorzügliche Canasta-Spielerin ist. Wenn Sie dann noch Frau Bundesminister Wilms für eine gelegentliche Partie gewinnen könnten, hätten Sie eine überparteiliche und gleichzeitig so reizende Canasta-Runde zusammen, daß sich dabei sämtliche Erbschaftsprobleme von selbst klären würden.

Mit freundlichen Grüßen an Sie, herzlichen Empfehlungen an Frau von Gästern
bin ich
Ihr

Peter Glotz

HINDENBURGSTRASSE 15
8134 PÖCKING b. STARNBERG
(OBERBAYERN)

8. Juli 1984.

Sehr geehrte Frau von Gästern,

Vielen herzlichen Dank für Ihr Schreiben vom 7. Juli. Was Sie mir darin mitteilen, ist tief bewegend, spricht doch daraus eine Gemeinschaft der Ideale und Ziele, die ich sehr zu schätzen weiss. Wärmstens danke ich Ihnen dafür.

In der Hoffnung, Sie in nicht zu ferner Zukunft auch persönlich kennenlernen zu können, mit Dank und

herzlichsten Grüssen, Ihr

Otto v. Habsburg

OTTO VON HABSBURG

Kai-Uwe von Hassel

Bonn, den 11. September 1984

Frau
Carola von Gästern
Hüttenstraße 43
4506 Hagen 1

Sehr geehrte Frau von Gästern!

Ich danke Ihnen für Ihren entzückenden Brief vom 28. Mai und bewundere meinerseits Ihre Courage, wie Sie mir die meine attestieren.

In der Tat, es ist leicht, sich vorzustellen, wie schwer das irdische Gold am Fuße wiegt, wenn selbiger bar jeder Beigabe den letzten Gang antreten, die Himmelsleiter besteigen soll.

Nun haben Sie mich als Retter dergestalt erkoren, daß ich persönlich Sie erleichtern möge.

Nur, Verehrteste, ich selber habe das gesegnete achte Lebensjahrzehnt begonnen und müßte, sollte ich mit den goldenen Früchten Ihrer Lebensleistung belastet werden, eines Tages dasselbe Problem lösen, vor dem Sie heute stehen. Was heute Ihnen den Schritt in die Ewigkeit zu bedrohen beginnt, würde dann mir die ewige Seligkeit verwehren. Denn wie heißt es bei Matthäus im 24. Vers des 19. Kapitels? "Und weiter sage ich euch: Es ist leichter, daß ein Kamel durch ein Nadelöhr gehe, denn ein Reicher ins Reich Gottes komme".

Wie wäre es, wenn Sie Ihre freundliche Gabe einem großen deutschen zoologischen Garten zur Kamelaufzucht überließen?

Mit respektvollen Grüßen

Kai-Uwe von Hassel

Privat: *Lyngsbergstraße 39 b, D-5300 Bonn 2,*
Haus Belmar, Fördestr. 11, D-2392 Glücksburg, Tel. (04631) 2517
Büro: *Deutscher Bundestag, Hochhaus im Tulpenfeld, D-5300 Bonn, Tel. (0228) 16-7592, 16-7473*

Dr. jur. Erich Mende

5300 BONN 2-BAD GODESBERG
AM STADTWALD 62 den 8.6.84

Frau

Carola von Gästern

Hüttenstr. 43
4506 H a g e n 1

Sehr geehrte Frau von Gästern !

Ich danke Ihnen für Ihren Brief vom 28.5.84 und die Ehre, die Sie mir zukommen lassen wollen! Ich bin bereit, Ihrem Wunsch zu entsprechen.

Beiliegend zwei Hinweise auf meine gegenwärtige Arbeit. Der 1.Band ist bereits in der 3.Auflage, der zweite Band soll im September 1984 erscheinen.

Mit den besten Pfingstgrüßen verbleibe ich

Ihr

Erich Mende

Anlage.

Der Bundespräsident

Wien, am 16.Juli 1984

Sehr verehrte Frau von Gästern!

Ich danke Ihnen sehr für Ihr freundliches Schreiben vom 7.Juli und das Wohlwollen, das aus diesem Schreiben spricht. Aus grundsätzlichen Überlegungen bin ich aber nicht in der Lage, eine Erbschaft oder ein Vermächtnis anzunehmen. Ich bitte hiefür um Verständnis.

Mit vielen freundlichen Grüßen und allen guten Wünschen

Frau
Carola von G ä s t e r n
Hüttenstraße 43
D - 4506 H a g e n 1

Diese Antwort kam
vom österreichischen
Bundespräsidenten
KIRCHSCHLÄGER

Richard Stücklen
Vizepräsident des Deutschen Bundestages
Bundesminister a. D.

5300 Bonn 1, 6.8.1984
Bundeshaus
Tel. (Vorwahl 0228)
162912 und 167512

Frau
Carola von Gästern
Hüttenstraße 43

8506 Hagen 1

8832 Weißenburg, den 3.08.1984

Sehr geehrte Frau von Gästern !

Ich bedanke mich für Ihr freundliches Angebot, als Ihr Universalerbe eines - wie Sie schreiben - beträchtlichen Vermögens ausersehen zu sein.

Da ich aber in meinem reichen Arbeits- und politischen Leben gespart habe und als ehemaliger Bundesminister eine Pension erhalte, die für mich und auch für meine Frau bei unseren bescheidenen Ansprüchen ausreichend ist, bedarf ich zusätzlicher fremder Vermögenswerte nicht.

Ich würde Ihnen vorschlagen, Ihr beträchtliches Vermögen einem caritativen Zweck zuzuführen. Sollten Sie auf caritative Einrichtungen nicht gut zu sprechen sein, so gibt es auch psychiatrische Kliniken, denen man ein solches Geschenk anbieten könnte.

Mit vorzüglicher Hochachtung

R. Stücklen

Carola von Gästern

4506 Hagen 1 - Hüttenstraße 43

Gleichlautende Briefe
gingen an viele
prominente Schriftsteller

Sehr geehrter Herr

als alte und alleinstehende Dame denkt man nicht nur an die Vergangenheit, nein, die Gedanken kreisen auch über das eigene Sein hinaus.
Kurz gesagt, ich habe ein beträchtliches Vermögen und keinen Erben.
Seit Jahren schon bin ich ein Bewunderer Ihrer literarischen Einfälle und möchte Sie nun gern testamentarisch zu meinem Alleinerben machen.
Würden Sie mir die Freude bereiten, dieses Erbe nach meinem Ableben anzunehmen.?
Ich könnte mir auch vorstellen, daß Sie sich dann etwas intensiver um Ihre schriftstellerische Arbeit kümmern könnten.

Hochachtungsvoll

Carola v. Gästern

Konto: Dresdner Bank, Hagen 15 001

EPHRAIM KISHON
8040 ZÜRICH POSTFACH · SCHWEIZ

אפרים קישון

Zürich, 31.8.1984

Sehr geehrte Frau von Gästern

Ich habe Ihren Brief vom 28. Juli 1984 mit echter Rührung gelesen. Der Grund für meine verspätete Antwort liegt im israelischen Poststreik, der wegen der neuen Wahlen so lange gedauert hat.

Ihr Angebot, mich als Ihren Alleinerben zu ernennen bringt mich in Verlegenheit. Einerseits werde ich als Schriftsteller von Ihrem einzigartigen Angebot ermutigt, andererseits bin ich nicht in einer solch schlechten finanziellen Lage, dass Ihre Grosszügigkeit meine schriftstellerische Tätigkeit entscheidend beeinflussen könnte.

Deswegen erlaube ich mir, Sie zu fragen, liebe Frau von Gästern, ob Sie mit dem Gedanken einverstanden wären, von Ihrem Nachlass eine Stiftung nach meinem Gutdünken in Israel zu gründen, die Ihren Namen tragen würde.

Jedenfalls danke ich Ihnen von ganzem Herzen für das mir entgegengebrachte Vertrauen.

Obwohl ich in einigen Tagen nach Hause fliege, wäre es vielleicht besser, Ihre Antwort nicht nach Israel, sondern auf meine Zürcher Adresse zu senden: Ephraim Kishon, Nova-Park Hotel, Postfach, 8040 Zürich, Schweiz.

Mit meiner Hochachtung

Ihr

Wolfgang Hildesheimer CH-7742 Poschiavo

Sehr geehrte Frau von Gästern, 13.7.84

herzlichen Dank für Ihren Brief und Ihr großzügiges mäzenatisches Angebot, das mich gerührt hat. Wäre ich jung und unbemittelt und hätte noch ein großes Werk vor mir, so hätte ich wahrscheinlich angenommen. Aber keine dieser drei Bedingungen trifft zu. Ich bin siebenundsechzig und materiell so gestellt, daß ich so leben kann, wie ich leben will. Vor allem aber: ich habe aufgehört zu schreiben und bin zur bildenden Kunst zurückgekehrt, woher ich komme.

Ich bin zuversichtlich, daß Sie würdigen - sogar würdigeren - Ersatz finden, besonders natürlich, wenn Sie, verehrte Frau von Gästern, sich entschließen könnten, M e h r e r e zu 'begünstigen'. Selbstverständlich bin ich jederzeit bereit, Sie zu beraten, soweit ich es kann u n d ich es mir zutraue.

Jedenfalls bin ich mit den besten Grüßen und Wünschen und - nochmals - mit Dank

Ihr

Wolfgang Hildesheimer

MICHAEL ENDE ÜBER K. THIENEMANNS VERLAG 7000 STUTTGART 1 BLUMENSTRASSE 36

30.August 1984

Frau

Carola von Gästern

4506 H a g e n 1

Hüttenstraße 43

Liebe, sehr verehrte gnädige Frau,

haben Sie ganz ganz herzlichen Dank für Ihren Brief und das noble Angebot, das Sie mir darin machen. Sie können sich sicher denken, daß es mich aufs höchste überrascht hat, denn dergleichen widerfährt einem ja wahrhaftig selten im Leben.

Ehe ich Ihr großzügiges Angebot annehme, möchte ich Ihnen, wenn Sie erlauben, doch noch einige Überlegungen anheim stellen. Ich bin jetzt 54 Jahre alt, also kein junger Schriftsteller mehr und der Erfolg meiner Bücher hat mir in den letzten Jahren vollkommene finanzielle Unabhängigkeit beschert. Ich befinde mich also nicht mehr in einer Situation, in der ich, um meinen Lebensunterhalt zu fristen, irgend etwas tun müsste, was mir nicht behagt. Ich frage mich deshalb, ob es in Ihrem Lebens-Umkreis nicht doch Menschen gibt, denen mit Ihrer finanziellen Hilfe aus tatsächlichen Lebensschwierigkeiten geholfen werden könnte.

Erlauben Sie mir bitte auch noch eine sehr banale und nüchterne Überlegung. Soviel ich weiss, sind die deutschen Erbschafts-Gesetze ziemlich ungünstig, dh. bei Erbschaften zwischen nicht Blutsverwandten nimmt der Staat bis zu 3/4 der Summe als Steuer für sich in Anspruch. Dergleichen wäre ja sicherlich nicht in Ihrem Sinn. Bitte, beraten Sie sich doch, ehe Sie einen Entschluss fassen, mit einem Notar Ihres Vertrauens über diesen Punkt.

Ich hoffe, liebe, sehr verehrte gnädige Frau, Sie nehmen es mir nicht übel, daß ich Ihnen diese Überlegungen vorschlage. Sie verstehen gewiss, daß es mir dabei in erster Linie darum zu tun ist, daß die Dinge auch wirklich in Ihrem Sinne geordnet werden. Was mich betrifft, so danke ich Ihnen natürlich von Herzen für Ihr großzügiges Angebot, wie auch immer Sie sich letzten Endes entscheiden mögen.

Mit den besten Wünschen

Ihr Michael Ende

BERNT ENGELMANN

ROBERT-HOLZER-STR. 7
8183 ROTTACH-EGERN

2.August 1984

Sehr geehrte gnädige Frau,

herzlichen Dank für Ihren liebenswürdigen Brief vom 28.7., den ich zu Hause vorfand, als ich vorgestern aus dem Urlaub kam. Sie haben mir damit, wie ich gerne zugebe, zunächst eine Überraschung, dann eine große Freude bereitet! Es kommt ja wahrlich nicht alle Tage vor, daß eine offenbar reiche, alleinstehende ältere Dame einen deutschen Schriftsteller, der ihr persönlich unbekannt ist, zu ihrem alleinigen Erben einsetzt. Der letzte Fall dieser Art soll sich 1783 zu Hildesheim ereignet haben, doch ist er nicht wissenschaftlich gesichert; der glückliche Erbe könnte auch ein Husarenrittmeister gewesen sein, und ob die beiden nicht, allen gegenteiligen Beteuerungen zum Trotz, sich recht gut kannten, ist ebenfalls ungewiß.

Ich nehme jedenfalls Ihr überaus freundliches Angebot gern an und möchte Ihnen für Ihre Hochherzigkeit meinen aufrichtigen Dank sagen, vorausgesetzt, Sie seien tatsächlich das, was Sie zu sein vorgeben: eine real existierende Freundin meiner schriftstellerischen Arbeit. Dies wage ich allerdings zu bezweifeln, und zwar aus mancherlei Gründen:

Alte, alleinstehende Damen mit beträchtlichem Vermögen haben im allgemeinen viel Zeit und schreiben - wie ich aus überreichlicher Erfahrung weiß - erheblich längere Briefe; die Wendung "kurz gesagt" kommt nie darin vor. Sodann haben die beschriebenen Damen hierzulande mit an Sicherheit gre zender Wahrscheinlichkeit Telefon, und wenn sie aus besonderen Gründen die Angabe ihrer Rufnummer auf ihren Briefbogen unterlassen, so ist diese doch zumindest im amtlichen Fernsprechverzeichnis angegeben. Ältere Damen, wenn sie nicht sehr bekannte Darstellerinnen beim Film, Varieté, Tingeltangel oder Fernsehen sind, haben nur in den allerseltensten Fällen Geheimnummern.

Sodann ist es ungewöhnlich, daß reiche ältere Damen, wenn sie schon Büttenpapier benutzen, solches der billigsten Sorte wählen; sie von einer Akzidenzdruckerei mit Namen und Adresse versehen lassen, die offenbar anno 1910 zum letzten Mal einen solchen Auftrag erhalten hat; ihre Unterschrift darauf mit einem billigen Kugelschreiber, anstatt mit Tinte und Feder, leisten. Schließlich, bei allem Respekt vor dem deutschen Adel: Seine Angehör gen mögen mitunter einen unterdurchschnittlich niedrigen Intelligenzquotie ten haben, doch selbst die Dümmsten von ihnen wissen, daß 'man' sein Prädi kat 'von' abkürzt - beileibe nicht aus Bescheidenheit, sondern zur Unterscheidung von Nichtadligen, bei denen, zumal in Niederdeutschland, ein 'vo vor dem Namen nicht selten ist.

Sie haben, verehrte gnädige Frau, offenbar nicht bedacht, daß Sie es bei mir mit einem Autor zu tun haben, der das Recherchieren von der Pike a gelernt hat. Dennoch: Ich danke Ihnen für die gute Absicht und verbleibe

hochachtungsvoll und ganz der Ihre

Bernt Engelmann

Hochwohlgeboren
Frau Carola v.Gästern,
Hüttenstr.43,
4506 Hagen 1.

PS. Alle Kontonummern der Dresdner Bank in Hagen beginnen mit einer 9...

... wohlgemerkt: in Hagen in Westfalen, Herr Engelmann!

GOLO MANN

8802 KILCHBERG AM ZÜRICHSEE
ALTE LANDSTRASSE 39

31. Juli 1984

An Frau Carola Friedrich Wilhelm Günter Wallraff von Vorgästern
z.Zt. wohnhaft wo sie nicht wohnt.

Halte die Leute nicht für so dumm,
Dann wärst du selber gescheiter,
Treibst halt schon etwas lange um
Auf des Lebens Lügenleiter.

Ich gehöre nicht zu deinem Verein,
Nicht jeder fällt auf dich herein.

Lass Dein Vermögen Vermögen sein,
und Deine blöden Betrügereien,
Du kommst damit nicht mehr weiter.

Mit den alleralllerwunderschönsten Grüssen

Golo Mann

PS. Wie wäre es, wenn Sie Ihr grosses Vermögen der
Bayerischen Privat-Künstlerhilfe hinterliessen?
Mich deucht sogar, es ist nicht das erste Mal, dass
ich Ihnen solches vorschlage...

GÜNTER WALLRAFF 5 Köln 30 Thebäerstraße 20

Frau
Carola von Gästern
Hüttenstraße 43

4506 Hagen 1

10. September 1984

Sehr geehrte Frau von Gästern,

durch meine Arbeit bedingt - ich war einige Wochen in Süddeutschland und die Post stapelte sich bei mir zuhause - komme ich leider erst jetzt dazu, auf Ihr großzügiges Angebot einzugehen.

Haben Sie bitte Verständnis dafür, daß ich es bei aller Freude und Dankbarkeit Ihnen gegenüber aus grundsätzlichen Erwägungen heraus nicht annehmen kann. Ein großes Vermögen würde mich aller Voraussicht nach eher belasten, als daß es meiner speziellen Art der Arbeit förderlich sein könnte. U.U. könnte ein beträchtliches Vermögen über meinen Tod hinaus sogar einen negativen Einfluß auf die Entwicklung meiner Kinder nehmen.

Ich hoffe, daß Sie meinen Entschluß nicht als Brüskierung, sondern als Konsequenz meines Lebens und meiner Arbeit ansehen und appelliere von daher an Sie, Ihr Vermögen testamentarisch nicht einem Einzelnen, sondern vielen Bedürftigen zukommen zu lassen: gemeinnützigen fortschrittlichen Organisationen, wie z.B.

der Gefangenen-Hilfsorganisation amnesty international, Heerstraße 178, 5300 Bonn 1,
oder einem der zahlreichen Hilfskomitees für Nicaragua (Genaueres können Sie gerne bei mir erfahren),
oder auch direkt der Hilfsorganisation Medico international, Hanauer-Landstraße 147-149, 6000 Frankfurt/M.1.
Medico international hilft in Ländern der 3. Welt u.a. beim Aufbau unabhängiger Gesundheitsdienste, medizinischer Notfalleinrichtungen, Krankenhauserweiterungen.

Mit nochmals herzlichen Dank für Ihren Entschluß und in der Hoffnung auf die Realisierung meines Vorschlages bin ich

mit freundlichen Grüßen

Ihr Günter Wallraff

HANS MAGNUS ENZENSBERGER

münchen 40,
werneckstraße 5.
den 8. august 1984

sehr verehrte gnädige frau.

in jüngeren jahren habe ich – wie die meisten menschen, – von unverdienten überraschungen geträumt. zwar das wünschen habe ich seitdem nicht verlernt; aber ich habe mich doch auf ganz anderen feldern versucht, und keinen gedanken mehr an solche märchen-verheißungen gewendet. umso mehr hat mich ihr brief berührt.

ich nehme ihre gabe an, ohne mich lange zu besinnen. aber sind es nicht immer <u>drei</u> wünsche, die dem ahnungslosen im märchen gewährt werden? (gewöhnlich macht er davon nicht den klügsten gebrauch.) deshalb wage ich es, ihnen noch zwei bitten vorzutragen.

die erste wäre, sie kennenzulernen, wann und wo es ihnen gefällt. dieser wunsch mag ihnen indiskret

vorkommen, und heikel ist es auf jeden fall.
es könnte ja sein, daß sie an dem menschen,
den sie so freundlich bedenken wollen, gar keinen
gefallen fänden. wenn es aber nach mir ginge,
sollte man das riskieren.
schließlich wünschte ich mir, daß sie sich mir
gegenüber nie gebunden fühlen sollen. ich möchte
nicht in die versuchung kommen, mit dem unver-
hofften zu rechnen. wer das tut, büßt ein stück
seines ~~unabhängigkeit ein~~ unbefangenheit ein.

leben sie wohl! ich danke ihnen.

ihr sehr ergebener

ERICH VON DÄNIKEN

CH-4532 Feldbrunnen/SO 19. Aug. 84
Baselstrasse 1

Frau
Carola von Gästern
Hüttenstrasse 43

D - 4506 H a g e n

Sehr geehrte Frau von Gästern,

Haben Sie freundlichen Dank für Ihren Brief vom 28. Juli und das bekundete Interesse an meinen Arbeiten. Dankeschön auch für Ihr liebenswertes Angebot, zu dem ich im Mommⁿent nicht recht weiss, was ich sagen soll. Sicherlich gibt es in meiner Arbeit oft ernsthafte Probleme und Engpässe - auch finanzieller Art - die sich mit einem gestärkten Rücken zielstrebiger und sicherer überwinden liessen. Auch ist mein Lebenswerk ein ständiger Kapf um bessere Informationen, doch auch ein mühsames Ringen mit oft ignoranten Kritikern. Es wird einem nicht leicht gemacht, mit einer neuen, für die Menschheit so wichtigen Idee durchzudringen.

Andrerseits, verehrte, unbekannte Dame, kennen wir uns nicht einmal. Wie soll ich guten Gewissens von einem Menschen, für den ich bislang nichts getan habe, eine Erbschaft annehmen? Daher wünsche ich Ihnen zuallererst ein langes und glückliches Leben in guter Gesundheit !

Zwischen mitte September und mitte Oktober halte ich Vorträge in verschiedenen deutschen Städten. Vielleicht sollte ich Sie aufsuchen, wenn Sie dies gestatten und wenn mein Weg in Ihre Nähe führt. Lassen Sie mich bitte Ihre Telefonnummer wissen.

Mit freundlichen Grüssen,
Ihr

ERICH v. Däniken
Erich von Däniken

Für unverlangt zugesandte Manuskripte, Bilder, Dokumente etc. wird keinerlei Haftung übernommen.

Willi Heinrich

Berghaus Schönbrunn
7580 Bühl-Neusatz 02.08.84

Frau
Carola von Gästern
Hüttenstraße 43

4506 Hagen 1

Sehr geehrte Frau von Gästern,

ganz gewiß könnte das nicht unbeträchtliche Vermögen einer reizenden alten Dame nicht unwesentlich dazu beitragen, mich insofern intensiver mit meiner schriftstellerischen Arbeit zu befassen, als es mich unabhängig machte von der Verleger Lust und Laune. Und da ich selbst schon in den Jahren stehe, wo auch mein Blick des öfteren hinausschweift über die Grenze irdischen Seins, schätze ich die Wahrscheinlichkeit, Alleinerbe Ihres Vermögens zu werden, so gering ein, daß es mir keine Bedenken bereitet, Ihrem erstaunlichen Angebot - wer und was immer auch sich dahinter verbergen möge - dankbaren Herzens zuzustimmen. Verbunden mit dem aufrichtigen Wunsch, Sie mögen mich und mein vergängliches Werk noch um eine gute Spanne Zeit bei bester Gesundheit überleben.

Ihr sehr ergebener

Willi Heinrich

Reinhold Messner · I-39040 St. Magdalena in Villnöss

Südtirol, am 13.8.84

Sehr geehrte Frau von Gästern,
Ihr Brief vom 21.7.84 erreichte mich erst nach meiner Rückkehr aus dem Karakorum, wo ich 4 Monate zum Bergsteigen war.
Ich freue mich über Ihre Begeisterung zu meinen literarischen Arbeiten, die mir persönlich ebenso wichtig sind wie die Achttausender.
Ihr Erbe nehme ich gerne an, würde mich aber bei einer so wichtigen Entscheidung bald mit Ihnen treffen wollen.
Namasté

R. Messner

Professor
Dr. h. c. MARCEL REICH-RANICKI

Gustav-Freytag-Straße 36
6000 Frankfurt am Main 1
Telefon (0611)

29.Juli 1984

Frau
Carole von Gästern
4506 H a g e n 1
Hüttenstraße 43

Sehr geehrte gnädige Frau,

Ihr Brief vom 19.Juli, für den ich bestens danke, hat mich ebenso erstaunt wie verblüfft. Er macht mich geradezu ratlos. Was soll ich antworten auf ein Angebot, wie ich es noch nie im Leben erhalten habe, auf eine Anfrage, die so märchenhaft anmutet, daß sie beinahe unglaubwürdig scheint? Mir bleibt nichts anderes übrig, als Sie zu bitten, mich über die ganze Angelegenheit und Ihren Plan etwas näher unterrichten zu wollen. Ich werde mich freuen, wieder von Ihnen zu hören und verbleibe

mit ergebenen Grüssen und mit den Ausdrücken
meiner vorzüglichsten Hochachtung

I h r

„Wollen Sie erben?“ „Ein beträchtliches Vermögen?“

Gut 200 Personen schrieb Winfried Bornemann an, der Briefmacker, allesamt Prominente, Leute, die (beinahe) jeder kennt, und betätigte sich dermaßen erneut als postalischer Fallensteller. Fast alle antworteten. Ein hinterhältiges Vorhaben: Carola von Gästern, reiche Witwe von Adel, vermacht alles Herrn, Frau ... – beinahe „teuflisch“, wie es im privaten Kreise hieß. In der Tat, hier zwickt ein schelmisches Teufelchen die Menschen an ihrem empfindlichsten Punkt: dem Geldbeutel.

„Sie sind mein Alleinerbe!“

Wie reagiert jemand darauf, zumal einer, der sich im Lichte der Öffentlichkeit bewegt? (Im Hintergrund rumort die Flick-Spendenaffäre.) Geschmeichelt, zögerlich abwartend die meisten. Nur wenige waren von Selbstzweifeln geplagt, wie der Schauspieler mit 45jähriger Bühnenlaufbahn oder der „nachdenkliche“ Schriftsteller, der darum bat, seine Lebensbedingungen mit zu erwägen und ihn nicht bloß aufgrund der Kenntnis seiner Bücher zu beschenken.

Das Gros der Antworten auf das seltsame Ansinnen der adligen Dame aus Westfalen folgt demselben Muster: 1. Verwunderung, 2. Dankbarkeit, 3. der Wunsch nach einer persönlichen Begegnung. Fast alle akzeptierten das Angebot sofort, einige wollten lieber ein Treffen vorher.

Korrespondenzen dieser Art sind in diesem Buch kaum zu finden. Bornemann war auf der Suche nach dem Untypischen, Individuellen, und er wurde fündig. Das Spektrum der Reaktionen ist bunt. Viele waren verblüfft („Warum ich?“) bis fassungslos, etliche schlicht gerührt, so der Schriftsteller, der dreimal lange Briefe formulierte, um seiner Wohltäterin zu danken.

Einige nahmen das Erbe zwar an, wünschten dennoch ein langes Leben „mit dem Wunsch und der Hoffnung, daß sich die Realisierung und der Vollzug noch lange Zeit verzögern möge“, wie ein Schlagersänger formulierte.

Andere fühlten sich selbst in einem Alter, „in dem man eher ans Vererben als an Erben denkt“, so der 85jährige Schriftsteller. Ein anderer wähnte sich gar „dem Grabe vermutlich näher als Sie“, hielt es allerdings „für ein Gebot, einer Dame nie zu widersprechen“. Wettrennen um den Erbfall?

Manche hielten sich für verpflichtet, das großherzige Geschenk durch eine kleine Gabe zu erwidern. Zumeist schickten sie Unvergängliches: Bücher, besonders die Politiker, einer gar eine Gedenkansprache zum 17. Juni, entnommen dem Bundestagsprotokoll und mit dem kryptischen Vermerk versehen: „Dem Satz auf S. 11 messe ich programmatische Bedeutung bei.“

Anders ging da die romantische Schriftstellerin vor, die justament gepflückte Sommergräser aufs Papier zeichnete, um ihren Dank zu entbieten.

Die Schriftsteller und Künstler – viele von ihnen träumten den Traum finanzieller Unabhängigkeit (bei lebendigem Leibe unserer Carola). Einige dachten immerhin an den Nachwuchs, wollten die Frau von Gästern dazu veranlassen, ihr Vermögen den Stars von morgen zur Verfügung zu stellen. Ein Kinderbuchautor und ein Komponist planten eine „Carola-von-Gästern-Stiftung“ für junge Schriftsteller/Künstler. (Letzterer band die Zustimmung zum Erbe an das Einverständnis Carolas, ihr eine Oper zu widmen.) Die rührige Berliner Schriftstellerin konsultierte schon mal ihren Steuerberater, der sie über Erbschaftssteuertarife informierte, „alles Klauseln und Gesetze, mit de-

nen ich mich bisher nicht auseinandergesetzt habe". Von seinen „Kämpfen mit dem Finanzamt" berichtete auch ein Rundum-Künstler. Da kommt eine Erbschaft schon zupasse.
Romantisch bis melodramatisch – die Schlagersänger. Wird man das, weil man so ist, oder ist man das, weil man so sein möchte? Oder sind das Antwortschreiben der Presseabteilung?
Völlig cool reagierte Peter Glotz, Bundesgeschäftsführer der SPD, der gleich seine Büroleiterin vorbeischicken wollte. Schade, daß unsere Carola zur Canasta-Runde mußte, aber der Erbe sollte schließlich Geduld haben.
Unverschämt wurde dagegen der gelegentliche Fernsehkommissar, der zwar zunächst das edle Anerbieten annahm, dann aber – nachdem er seine echten Kollegen eingeschaltet hatte – Gift und Galle spie. Er fühlte sich gekränkt und verlangte seinen Brief zurück (im Zeitalter des Farbfotokopierers!). Der TV-Kriminalist war Winfried Bornemann genauso hinter die Schliche gekommen wie der bajuwarische Schreiber, der seinen Rechtsanwalt einschaltete, getreu dem Motto: Wer ist der Größte – ich oder C. v. G.?
Es gab andere, die den Braten gleich gerochen haben. Der pfiffigste: Pfitzmann. Der bei weitem spitzfindigste: Engelmann (wenn auch mit Fußangel).
Noch andere dachten an Hagen in Westfalen. Besonders Schauspieler, gelegentlich auf Tournee dort gastierend, baten bei kommender Gelegenheit um ein Treffen nach der Vorstellung.
Manch anderer bemühte sich dagegen in den Teutoburger Wald, die „Hütte" zu besichtigen und die künftigen Güter. Die gräserzeichnende Lyrikerin hatte – auf der Rückreise von einer Vortragsreise durch Holland – die Hausnummer vergessen und wandte sich von Hagen ersatzweise gen Hülshoff, dem Schlosse der Annette von Droste zu. (Lieber die Taube in der Hand ...) Jörg Demus, der Klaviervirtuose, kam ins benachbarte Georgsmarienhütte zu Bornemanns, seine neueste Schallplatte unterm Arm. Es wurde ein nettes Plauderstündchen. Die Platte nahm er wieder mit.
Der Leiter zahlreicher Chöre und ein Worpsweder Graphiker recherchierten in Hagen, Postleitzahl 4506, kaum 500 Einwohner – kein Schloß, keine Carola, kein gar nichts. (Der Graphiker fragte noch mal in der Hüttenstraße 43 an, per Einschreiben, was das alles zu bedeuten habe.)
Einen Jux wollt' er sich machen, unser Winfried Bornemann, eine Köpenickiade mit Briefbogen. Es kamen Antworten von haarsträubender Naivität und souveräner Klugheit. Rechtsanwälte riefen an, Journalisten und eine Kreditauskunftei. Nur wenige durchschauten das Spiel. Bornemann ersparte ihnen, was die meisten sich erhofft hatten: ein persönliches Treffen mit der noblen Gönnerin, eine große Fete, auf der sich Bornemanns sämtliche Erben getroffen hätten. Lachend?
„Leben Sie bitte, leben Sie lange!" schrieb ein Schauspieler an Carola. Dem haben wir nichts hinzuzufügen.

PS.: Einige antworteten gar nicht, Herbert von Karajan etwa oder Joschka Fischer von den Grünen – eine Allianz der Satten und Vegetarier?

PS. II: Frage an den Leser: Wie hätten Sie geantwortet?

Peter Seifried

NEUES VOM BRIEFMACKER

Härtefälle

Carola von Gästern

4506 Hagen 1 - Hüttenstraße 43

20.9.84

Wehrbereichsverwaltung II
Hans Böckler Allee 18

3000 Hannover 1

Werthe Herren!

Es gibt einige Turbulenzen in unserem Familienzweig.
Mein jüngster Neffe Winfried hat jetzt einen Stellungsbefehl zum Militär bekommen. Bin ich auch einerseits der Meinung, daß ihm der Dienst am Vaterland guttun würde, weil dort ja auch einige Dinge fürs Leben eingeübt werden (Schliff usw), so sähe ich auch andererseits sehr gern, daß er die Stalleitung des elterlichen Gutshofes übernähme.
Eine Dame der Gesellschaft erstattete mir Bericht folgenden Inhalts:
es gäbe die Möglichkeit vom Militärdienst befreit zu werden, wenn der Junker nachweisen könne, daß er schon mindestens 3 Jahre als Meßdiener fungiert habe.
Das trifft bei ihm zu, denn er hat sogar insgesamt 5 Jahre ministriert.
Wird er remittiert, wenn wir ein Dokument des hiesigen Pastorats vorlegen?
Ich bitte um Ihre werthe Mitteilung.

Hochachtungsvoll

Carola v. Gästern

Konto: Dresdner Bank, Hagen 15 001

Wehrbereichsverwaltung II

V 1.010

Hannover, den 27.09.1984
☎ 0511/5311
Durchwahl: 531- 25 93
Bw-Fernwahl: 221-

(bei Antwort bitte Aktenzeichen angeben)

Wehrbereichsverwaltung II · Hans-Böckler-Allee 18 · 3000 Hannover 1

Frau
Carola von Gästern
Hüttenstraße 43

4506 Hagen 1

Betr.: Ableistung des Grundwehrdienstes

Bezug: Ihr Schreiben vom 20.09.1984

Werthe Frau von Gästern,

die Meinung der von Ihnen zitierten Dame der Gesellschaft beruht auf einem Irrtum. Für die Bundeswehr gilt folgende Regel:

"Ob Bürgersmann oder Junker,
jeder dient dem Vaterland
mit der Waffe in der Hand
auch als alter Ministrant

(sonst geht es in den Bunker)."

Ich bedauere, werthe Frau von Gästern, dies so klar betonen zu müssen.

Mit freundlicher Empfehlung
Im Auftrag

Kuhnert

Konten:
Landeszentralbank Hannover
(BLZ 25000000) Konto-Nr. 25001042

Postscheckamt Hannover
(BLZ 25010030) Konto-Nr. 3394-306

Dienststunden: Gleitzeit; Kernzeiten
montags bis donnerstags 8.30-15.30 Uhr
freitags 8.15-14.15 Uhr

WINFRIED BORNEMANN · FILLERSCHLOSS · 4504 GEORGSMARIENHÜTTE

Fremdenverkehrsamt
Postfach

2950 LEER /Ostfriesland

Betr.: <u>EINREISE</u>

Guten Morgen (Moin)!

Ich weiß,daß man es in Ihrem Lande liebt, wenn man ohne große Umschweife direkt zum Thema kommt.
Also,ich möchte unbedingt mal Ostfriesland und Leute kennenlernen.
Nun höre ich, daß die Einreisebestimmungen bei Ihnen in den letzten Monaten drastisch verschärft wurden. Um nun unnötige Frustrationen an der Grenze zu vermeiden, möchte ich Sie herzlich darum bitten, mir mitzuteilen, welche Papiere ich bereithalten muß.
Mein Paß ist noch bis 85 gültig,da sehe ich keinerlei Schwierigkeiten.
Wie sieht es aber mit den Impfbescheinigungen (Cholera, Pest usw.) aus?
Muß ich ein polizeiliches Führungszeugnis haben?
Wie ist das mit den Devisenbestimmungen,darf ich Bargeld einführen?
Ich bitte um Auskunft.

Beste Grüße

Winfried Bornemann

P.S. Haben Sie scharfe Zöllner?

Werbegemeinschaft „Südliches Ostfriesland"

Postfach 1640 · 2950 Leer (Ostfriesland) · Telefon 0491-63787

Herrn
Winfried Bornemann
Fillerschloß

4504 Georgsmarienhütte

Leer

Sehr geehrter Herr Bornemann,

ich habe mich sehr über Ihren Brief ohne Datum gefreut - daher auch unser undatierter. Bevor ich zur eigentlichen Beantwortung komme, erlaube ich mir, eine Korrektur bezüglich Ihrer Grußformel anzubringen. 'Moin' heißt nicht 'Guten Morgen', sondern wird von dem plattdeutschen 'moj' abgeleitet und das heißt soviel wie schön oder gut: Man wünscht dem anderen somit alles Gute, einen "mojen Dag". Dies zuvor.

Für einen Aufenthalt im "Südlichen Ostfriesland" ist ein polizeiliches Führungszeugnis überflüssig! Unsere Grenzbeamten verfügen über eine spezielle Ausbildung, bei der sich durch eine Gesichtskontrolle aus sicherer Entfernung schon erkennen läßt, ob oder ob nicht. Diebstahlsdelikte sind ohnehin kaum zu registrieren, denn wo nichts ist, kann man bekanntlich auch nichts stehlen. Die Betreuung an der Grenze wird bei Ihnen auch wohl kaum Frustrationen aufkommen lassen, denn Sie werden die Beamten nicht bemerken. Scharfe Zöllner (Ihre P.S.-Frage) - nun ja, der eine oder andere mag schon so sein!

Impfbescheinigungen sind nicht notwendig, da aufgrund der besonderen gesundheitsfördernden, klimatischen Bedingungen eine natürliche Immunität gegenüber den von Ihnen u. a. aufgeführten Krankheiten besteht.

Es ist aus Ihrem Schreiben bedauerlicherweise nicht ersichtlich, welchen Paß Sie dort ansprechen. Um das für die Einreise ins "Südliche Ostfriesland" notwendige Visum (siehe Anlage) kann es sich eigentlich nicht handeln, ansonsten muß man davon ausgehen, daß es eine Fälschung ist. Das Ostfriesen-Visum hat jeweils nur eine Gültigkeitsdauer von einem Jahr.

Bargeld können Sie übrigens in unbegrenzter Höhe einführen, dabei sollten Sie aber so kalkulieren, daß bei der Ausreise nur noch das Geld für die Rücktour vorhanden ist! Verpflegung wird mitgegeben, um die ostfriesischen Spezialitäten auch außer Lande bekanntzugeben.

Reichen die Auskünfte für's erste? Weitere Hinweise geben wir Ihnen natürlich gerne.

Mit freundlichen Grüßen

Alfred Spanjer

(Alfred Spanjer)

WINFRIED BORNEMANN · FILLERSCHLOSS · 4504 GEORGSMARIENHÜTTE

20.9.84

Direktion
Landhaus Heuermann

2904 Sandhatten

Sehr geehrte Direktion,

mir ist bekannt, daß es sich bei Ihrem Haus um ein Seniorenheim der gehobenen Klasse handelt. So werden Ihnen sicherlich auch Sonderwünsche Ihrer betuchten Dauergäste nicht unbekannt sein.
Mein Vater (78), der auf unserem Schloß inzwischen nicht mehr tragbar ist, dürfte für Sie Sicherlich kein Problemfall sein.
Er hat im Grunde einen guten Charakter, der leider von seinen Altersleidenschaften oftmals überdeckt wird.
So stellt er immer wieder erfolgreich jungen Damen nach, (durchschnittlich etwa 4 - 5 Damen monatlich) randaliert schon nach geringstem Alkoholkosums auf Kosten des Mobiliars und besteht darauf, seine verrückte Pop - Musik in größtmöglicher Lautstärke zu hören.
Seine Begründung, er sei lange genug "vernünftig" gewesen, erschreckt uns sehr.
Sehen Sie eine Möglichkeit, ihm eine "sturmfreie Bude", wie er es nennt, zu stellen?
Finanziell würden wir uns großzügig erweisen.
Bitte nennen Sie uns den Preis.

Mit freundlichen Grüßen
Winfried Bornemann

P.S. Wir wollen nicht verschweigen, daß er seit einigen Monaten der hiesigen Ortsgruppe der "Grauen Panther" angehört.

BANKVERBINDUNG: MERCK, FINCK & CO., MÜNCHEN, KTO.-NR. 261 144 (BLZ 700 304 00)

Landhaus Heuermann
INH. MARLIES PREDIGER
Privatpension

2904 SANDHATTEN 2.1o.84

Herrn

Winfried Bornemann

Fillerschloss

45o4 Georgsmarienhütte

Sehr geehrter Herr Bornemann !

Mit Dank bestätige ich Ihr Schreiben v.2o.9.84
In meinem Hause leben z.Zt. 2o Pensionärinnen und Rentnerinnen im Alter zwischen 78 - 9o Jahren und " ein Hahn im Korbe"97 Jahre. Es sind keine betuchten Gäste, sondern alles Normalverbraucher.

Wir leben in einem kleinen Dorf mit ca. 8oo Seelen, junge Damen sind hier nicht greifbar.Meine Gäste hören gern Musik, aber trotz teilweiser Schwerhörigkeit nur in Zimmerlautstärke.

Ich hätte zwar ab 1.1.85 in meinem Hause eine Studiowohnung frei, glaube aber nicht, daß Lage und Umgebung für Ihren Herrn Vater das Richtige sind.Die erwünschte Abwechselung würde er hier nicht finden. Wir haben auch keine Ortsgruppe der grauen Panther aufzuweisen, nur einen Bürger - und Gesangverein.

Der tägl. Pensionspreis für ein Einzelzimmer beträgt DM 45,--p/T., allerdings ohne Demulierung des Mobiliars.

Zum Ernst der Lage und sie muß ja ernst sein, sonst würden Sie sich fremden Menschen gegenüber nicht so offenbaren: wäre Ihr Herr Vater überhaupt mit einem Umzug einverstanden ? Ist in Ihrem Schloss nicht die räumliche Abtrennung einer Wohnung möglich?

Ich beantworte diesen Brief erst nach Tagen, da ich ihn schlicht und einfach erst verkraften mußte.

Mit freundlichem Gruß

M. Prediger

Carola von Gästern

4506 Hagen 1 - Hüttenstraße 43

26.4.84

Zollverwaltung

4460 Nordhorn

Sehr geehrte Herren,

das geht entschieden zu weit!!

Letzte Woche treffe ich gegen 12 Uhr an Ihrem Grenzübergang ein, um nach Holland einzureisen. Wenn es schon im Zeichen der EG ein Anachronismus ist, überhaupt noch angehalten zu werden, war das Folgende schlicht bodenlos. Zwei blutjunge und hochgewachsene Zöllner (wahrscheinlich Lehrlinge) traten an mein Auto. Vor meinen Augen warfen Sie eine Geldmünze in die Luft: "Zahl durchsucht das Auto, Wappen die Fahrerin". Was dann im einzelnen passierte, treibt mir jetzt noch die Schamröte ins Gesicht.
Das ist ein Skandal ersten Ranges.
Ich möchte mich in aller Schärfe über diesen Schamverletzer beschweren.
Bitte nehmen Sie unverzüglich Stellung zu diesem peinlichen Vorfall und teilen Sie mir mit, was Sie in Zukunft zur Abhilfe derartiger Unverschämtheiten zu tun gedenken.
Im Falle einer unklaren Antwort werde ich die nächsthöhere Dienststelle einschalten.

Hochachtungsvoll

Carola v. Gästern

Konto: Dresdner Bank, Hagen 15001

Der Vorsteher
des Hauptzollamts Nordhorn

Nordhorn, 2. Mai 1984

P 1007 B - A 2
Bei Antwort bitte angeben

Hauptzollamt Nordhorn · Postfach 16 49 · 4460 Nordhorn

Frau
Carola von Gästern
Hüttenstraße 43

4506 Hagen 1

Betreff
Dienstaufsichtsbeschwerde

Bezug
Ihre Schreiben vom 26. April 1984 an die Zollverwaltung Nordhorn und Twist-Emsland

1 Anlage

Sehr geehrte Frau von Gästern!

Ich bestätige Ihnen den Eingang Ihrer o. a. Schreiben beim Hauptzollamt Nordhorn und beim Zollamt Rühlertwist, das zu meinem Geschäftsbereich gehört.

Für eine gezielte Nachforschung bitte ich, mir noch den Tag Ihrer Ausreise in die Niederlande und wenn Ihnen noch erinnerlich den Namen der betreffenden Zolldienststelle oder Ihren Reiseweg mitzuteilen. Der Vorfall kann sich sowohl beim Zollamt Rühlertwist als auch beim Zollamt Hebelermeer abgespielt haben, die postalisch beide zum Ortsbereich der Gemeinde Twist gehören.

Im übrigen werden bei den vorgenannten Zollstellen Zollkontrollen von deutschen und niederländischen Zollbeamten und von deutschen Grenzschutzbeamten im selben Abfertigungsbereich der Zollstellen durchgeführt, wobei Ausreisekontrollen durch deutsche Zollbeamte nur in Ausnahmefällen und dann auch in der Regel von nur einem Beamten vorgenommen werden. Es ist daher nicht auszuschließen, daß für Ihre Kontrolle niederländische Beamte, die zum Teil auch sehr gut deutsch sprechen, oder deutsche Grenzschutzbeamte verantwortlich sind. Die Beamten unterscheiden sich in der Kleidung wie folgt

- deutsche Zollbeamte tragen ein grünes Hemd mit grauer Hose, ein mittelgrünes Jakett oder einen mittelgrünen Anorak mit grüner Schirmmütze. Auf der linken Brustseite der Oberbekleidung ist ein helles Abzeichen mit dem Bundesadler und dem Schriftzug "ZOLL" angebracht (s. anl. Abb.),

- deutsche Grenzschutzbeamte tragen eine dunkelgrüne Oberbekleidung mit beigem Hemd und beiger Hose. Auf dem linken Ärmel ist die Bezeichnung "Bundesgrenzschutz" angebracht,

- niederländische Zollbeamte tragen Ober- und Beinkleid im einheitlichen dunkelgrünen Farbton.

- 2 -

Dienstgebäude
Stadtring 4
Nordhorn

Fernsprecher: 0 59 21 / 1 20 25
Fernschreiber: 098 228 zoll d

Postscheckkonto Hannover 66 27 – 308 BLZ 250 100 30
Landeszentralbankgirokonto Nordhorn 267 / 01000 BLZ 267 000 00

Für eine gründliche Sachaufklärung wäre ich Ihnen dankbar, wenn Sie mir die Abfertigungsbeamten nach der vorstehenden Kleiderbeschreibung näher bezeichnen und mir die anderen Fragen beantworten können.

Mit freundlichem Gruß

In Vertretung

M a a ß

Grenzüberwachung

Die mit der Überwachung von 5 421 km Land- und Wassergrenze des Bundesgebietes betrauten Zollbeamten ergänzen die Abfertigung, indem sie zu verhindern suchen, daß Waren unkontrolliert über die sogenannte „grüne Grenze" ins Bundesgebiet gelangen.

Daneben nimmt die Zollverwaltung grenzpolizeiliche Aufgaben wahr. Beamte des Grenzaufsichtsdienstes achten darauf, daß Personen nicht unbefugt die Grenze außerhalb der Grenzübergangsstellen überqueren. An nahezu 400 Grenzübergängen kontrollieren Zollbeamte den grenzüberschreitenden Personenverkehr allein, im übrigen gemeinsam mit den Angehörigen anderer Sicherheitsbehörden.

Schmuggelbekämpfung, grenzpolizeiliche Überwachung und Kontrollen dienen dem Schutz des Bürgers und unserer Wirtschaft. Von besonderer Bedeutung sind heute die Bekämpfung des Rauschgift- und Waffenschmuggels und die Fahndung nach Gewalttätern, die sich in zunehmendem Maße über Grenzen hinweg organisieren und die innere Sicherheit unseres Staates bedrohen.

Zur Erfüllung ihrer vielseitigen und interessanten Aufgaben stehen den Zollbeamten moderne technische Hilfsmittel (Kfz, Zollboote, Waffen, Funkgeräte u. a.) und gut ausgebildete Zollhunde zur Verfügung.

Carola von Gästern

4506 Hagen 1 - Hüttenstraße 43

Amt für öffentliche Ordnung
Postfach

7000 Stuttgart

20.9.84

Sehr geehrte Damen und Herren,

die Zeiten für Zierfischverkäufe sind schlecht.
Da muß man sich schon was einfallen lassen, um den Absatz zu steigern.

Seit einiger Zeit mache ich mit meinem Geschäft Riesenumsätze,da ich selbst die Kunden barbusig bediene.
Ich kann mich mit meinen 62 Jahren noch sehr wohl sehen lassen.!!
Trotzdem habe ich nun mit den Behörden Ärger bekommen.
Sie drohen mit Konzessionsentzug.

Ich möchte gern in Ihrer Stadt einen Neuanfang wagen.
(Natürlich "oben ohne")
Deshalb meine Anfrage, ob Sie auch so prüde sind, oder ob ich bei Ihnen unbehelligt meine süßen kleinen Zierfische auf meine Art an den Mann bringen kann.

Mit freundlichen Grüßen

Carola v. Gästern

P.S. Nach einem positiven Bescheid würde ich sofort mal bei Ihnen reinspringen.

Konto: Dresdner Bank, Hagen 15 001

Landeshauptstadt Stuttgart

Amt für öffentliche Ordnung

GZ: 32-42

Den 28. September 1984

Postfach 161, 7000 Stuttgart 1

Telefon (0711) 216- 3698

Telex 7 23 627 ala d

Frau

Carola von Gästern

Hüttenstraße 43

4506 Hagen 1

Betr.: Barbusiger Zierfischverkauf

Bezug: Ihr Schreiben vom 20.9.1984

Sehr verehrte Frau von Gästern,

mit großem Interesse habe ich zur Kenntnis genommen, daß es Ihnen gelungen ist, durch Ihren außergewöhnlichen persönlichen und körperlichen Einsatz den darniederliegenden Hagener Zierfischhandel zu neuer Blüte zu erwecken. Sie haben damit zweifellos das Tor zu einem neuen Zeitalter in der Geschichte des Zoologiegewerbes aufgestoßen.

Um Ihr schmeichelhaftes Angebot für den Stuttgarter Raum gebührend würdigen zu können, wäre ich Ihnen sehr verbunden, wenn Sie durch Überlassung photographischer Dokumentationen o.ä. dazu beitragen würden, die Vorzüge Ihrer Exponate einer objektiven Betrachtung unterziehen zu können.

Ich bitte Sie, dies keinesfalls als Mißtrauen bezüglich Ihrer durchaus anschaulichen Zusicherungen zu werten. Vielmehr bewegt mich die Sorge, daß zumindest einige Spezies der Gattung Fisch (z.B. rooseveltiella nattereri) menschlichen Extremitäten, die auch unter besonderer Berücksichtigung des Gravitationsgesetzes in ihren Einwirkungsbereich geraten, Schaden zufügen könnten.

Vorausgesetzt, daß es zu keinen ernsthaften tierschützerischen Einwendungen kommt, kann Ihnen eine abschließende Beurteilung analog zur neueren römischen Strandbad-Rechtsprechung in Aussicht gestellt werden.

Mit freundlichen Grüßen

G o l l e r

Carola von Gästern

4506 Hagen 1 - Hüttenstraße 43

27.4.84

Arbeitskreis Gesundheitskunde e.V.
Feldbergstr. 11

7742 St. Georgen

Sehr geehrte Damen und Herren,

ich darf wohl davon ausgehen, daß Sie meine Anfrage höchst vertraulich behandeln.
Ich stehe inzwischen im 73. Lebensjahr und freue mich über jeden Tag, den ich noch im Kreise meiner Freunde verbringen darf.
Im Bereich der Liebe haben sich die Dinge verständlicherweise etwas verschoben. Dennoch habe ich seit Jahren viele platonische Liebesverhältnisse mit wechselnden Partnern. Ich finde das nicht anstößig, obwohl mich neulich eine gute Freundin verunsichert hat, weil sie von einer Vorschrift berichtet, daß ich von Zeit zu Zeit beim Gesundheitsamt zur Untersuchung vorsprechen muß.
Ist dem so?

Hochachtungsvoll

Carola von Gästern

Konto: Dresdner Bank, Hagen 15001

ARBEITSKREIS GESUNDHEITSKUNDE e.V.

– gemeinnützig und unabhängig –

Der ARBEITSKREIS GESUNDHEITSKUNDE e. V. wurde von Zahnärzten am 29. 5. 1964 gegründet. Sein Zweck sind praktische Maßnahmen auf allen Gebieten zur Wiederherstellung und Erhaltung gesunder Lebensbedingungen. Dadurch soll ein weiterer gesundheitlicher Verfall der Bevölkerung verhütet werden und die Jugend gesund heranwachsen. GESUNDHEITSKUNDE ist die Lehre von den Voraussetzungen gesunden Lebens neben der HEILKUNDE, der Lehre vom Heilen von Krankheiten.

Arbeitskreis Gesundheitskunde e V Feldbergstraße 11 D-7742 St Georgen

Frau
Carola von Gästern
Hüttenstr. 43

45o6 Hagen

D-7742 St. Georgen
Schwarzwald / W. Germany
Feldbergstraße 11
Telefon: (0 77 24) 61 48

Bankkonto: Volksbank, D-7742 St Georgen
(BLZ 694 916 00) Konto-Nr. 30 1702 02
Sparkasse, D-7742 St Georgen
(BLZ 694 516 85) Konto-Nr. 09 270190
Postscheckkonto: Karlsruhe 23 45 - 753

Ihr Zeichen	Ihre Nachricht vom	Unser Zeichen	Tag
	27. 4. 84	kl	9. 5. 84

Sehr geehrte Frau von Gästern,

wir bedanken uns für Ihren Brief. Selbstverständlich wird dieser Brief völlig vertraulich behandelt.

Wir sind nicht der Meinung, daß Sie sich regelmäßig beim Gesundheitsamt untersuchen lassen müssen. Dies wird nur von solchen Damen verlangt, die ihren Beruf darin sehen, die Partner zu wechseln.

Wir wünschen Ihnen noch weitere gesunde Jahre im Kreise Ihrer Freunde.

Mit freundlichen Grüßen

ARBEITSKREIS GESUNDHEITSKUNDE

i. V. Renate Kleiner

Carola von Gästern

4506 Hagen 1 - Hüttenstraße 43

26.4.84

Zuchthaus

3100 Celle

Sehr geehrte Herren,

ich bin für Ruhe und Ordnung.
Ihnen brauch ich doch nicht zu erzählen, in welch gefährlicher Zeit wir leben. Ich begrüße es deshalb mit Nachdruck, wenn von seiten des Staates alles getan wird, uns mißliebige Elemente und kritische Personen vom Leibe zu halten!
Ich finde es empörend, was man von Ihrer Anstalt hört!
Haben Sie eigentlich schon wieder den Mörder kassiert, der kürzlich völlig legal beim Pokern mit einem Ihrer Aufsichtsbeamten den Zellenschlüssel gewonnen hatte?
Ich finde es in höchstem Maße skandalös, wenn derartige Vorfälle in deutschen Strafanstalten Schule machen sollten.
Bitte nehmen Sie unverzüglich Stellung!

Hochachtungsvoll

Carola von Gästern

Konto: Dresdner Bank, Hagen 15001

Der Leiter
der Justizvollzugsanstalt Celle I u. II

Geschäfts-Nr.:
I

Bitte bei allen Schreiben angeben!

3100 Celle 27.4.1984/hi
Trift 14
Postfach 910
Fernruf: (05141) 60 45

Frau
Carola von Gästern
Hüttenstr. 43
4506 Hagen 1

Sehr geehrte Frau von Gästern!

Ich danke Ihnen für Ihren Brief vom 26. d.M., dessen Inhalt ich allerdings nicht verstehe.
Ich bitte Sie, mir mitzuteilen, was Sie vom "Zuchthaus" Celle gehört oder gelesen haben. Vielleicht haben Sie auch Zeitungsausschnitte.

Mit freundlichem Gruß

(Dr. Kühling)

JVA.W. D 18

WINFRIED BORNEMANN · FILLERSCHLOSS · 4504 GEORGSMARIENHÜTTE

26.4.84

Chemische Fabrik Pfersee GmbH
Postfach

8900 Augsburg 1

Sehr geehrte Damen und Herren,

ich möchte Sie bitten, diesen Brief höchst vertraulich zu behandeln.
Ich entnehme den führenden Tageszeitungen, daß auch Ihre Firma Probleme mit der Beseitigung des anfallenden Giftmülles hat.
In Zeiten kritischer Beobachtung von verschiedenen Seiten (Greenpeace u.a.) sehe ich mich veranlaßt, Sie auf eine neue Möglichkeit der Giftmüllbeseitigung aufmerksam zu machen, die von mir schon seit einigen Monaten erfolgreich praktiziert wird.
Es klingt auf den ersten Blick banal, wenn ich Ihnen vorschlage, den Müll einfach zu "beerdigen".
Alles Abgestorbene kommt seit alters her auf den Friedhof, das wird Ihnen bekannt sein.
Ich habe es infolge persönlicher Beziehungen zu verschiedenen Gemeindevätern realisieren können, daß der hochbrisante Müll in Särge gefüllt und mit einer ordentlichen Beerdigung (Trauergemeinde, Kränze usw) zu Grabe getragen wurde.
Die Bevölkerung war der festen Absicht, daß ein Gemeindemitglied zur letzten Ruhe geführt wurde.Keinerlei Beschwerden und Verdachtsmomente bis heute.
Die genauen Einzelheiten des Verfahrens kann ich Ihnen natürlich nicht mitteilen, das werden Sie verstehen.
Bitte teilen Sie mir umgehend mit, ob ich auch für Sie tätig werden darf.
Die weiteren Modalitäten können wir dann in Ihrer Firma unter vier Augen besprechen.
Mit freundlichen Grüßen

Winfried Bornemann

Chemische Fabrik Pfersee GmbH Augsburg

Werk Langweid, Rehlinger Straße 1, 8901 Langweid

PFERSEE

Chemische Fabrik Pfersee GmbH · Postfach 10 14 09 · D-8900 Augsburg 1

Färberstraße 4,8900 Augsburg

Telefon: 08 21/52 11-1
Telex: 05/3766
Telegramm: Textilchemie Augsburg
Bayer. Vereinsbank, Augsburg
Nr. 2 250 055 BLZ 720 20070
Swiftadresse BV BE DE MM408
Commerzbank AG, Augsburg
Nr. 116 600 800 BLZ 720 400 46
Swiftadresse CO BA DE FF720
Deutsche Bank AG, Augsburg
Nr. 0 463 232 BLZ 720 700 01
Swiftadresse DEUT DE MM720
Landeszentralbank von Bayern, Augsburg
Nr. 720 082 50 BLZ 720 000 00
Postscheckkonto München
Nr. 87 56-808

Herrn
Winfried Bornemann
Fillerschloss

4504 Georgsmarienhütte

Ihre Nachricht vom / Your Letter of / Votre Lettre du 26.4.84 — Ihr Zeichen / Your Ref. / Votre Ref. — Unser Zeichen / Our Ref. / Notre Ref. 65/101 — Datum / Date / Date 9. Mai 1984

Sondermüllentsorgung

Sehr geehrter Herr Bornemann,

wir beziehen uns auf Ihr Schreiben vom 26. April und möchten Ihnen mitteilen, daß wir Ihr, im ersten Moment von der Idee her bestechendes Angebot leider nicht annehmen können. Nachstehend die Gründe, die uns zu der Ablehnung bewogen haben:

1. Der von Ihnen angebotene Dienst ist nicht neu. Müll, ob es sich nun um Dünnsäure oder in Glas oder Beton eingeschlossenen Atommüll handelt, wird schon seit vielen Jahren im Meer versenkt, in Anlehnung an das bei der Christlichen Seefahrt übliche "Seemannsgrab". Ähnlich der See<u>fahrt</u> hat man sich auch schon bei der Raum<u>fahrt</u> Gedanken gemacht, Müll per Rakete in das All zu schießen, um ihn letztendlich sogar durch Kontakt mit der Sonne für alle Zeiten loszuwerden. Hier hätten wir eine Kombination von futuristischem Seemannsgrab und Feuerbestattung.

.../2

Geschäftsführer: Erhard Bernheim, Stellvertreter: Dr. Willy Bernheim, Dipl. Kfm. Peter Jawansky;
Vorsitzender des Aufsichtsrates: Dr. Rudolf Schneiter; Sitz der Gesellschaft Augsburg; Reg.-Gericht Augsburg HR.Nr. B 6192

2. Auch die Entsorgung im Erdreich ist nicht neu, wird doch schon seit vielen Jahren Sondermüll in aufgelassenen Salzstöcken abgelagert. Hier wäre durchaus eine Parallele zu einer Beerdigung in einer Gruft zu sehen.

3. Daß es Ihnen möglich war, eine Reihe von Gemeindevätern für diese Idee zu gewinnen, erstaunt uns nicht weiter, vielleicht ist man von seiten der Kommunen von der Idee ausgegangen, aufgelassene Friedhöfe in Tagebaubergwerke umzuwandeln, um so durch Abbau von im Erdreich enthaltenen Schwermetallen die Gemeindekasse aufbessern zu können.

4. Ein entscheidender Punkt für die Ablehnung Ihres Angebotes sind sicher die entstehenden Kosten. Wer in Bayern etwas auf sich hält, der achtet darauf, daß es "A schöne Leich' " war. Für Norddeutsche übersetzt, man gibt sich Mühe, daß die Beerdigung stilvoll und dem Ansehen des Verstorbenen gerecht wird. Wir können Ihnen versichern, eine Beerdigung dieser Art ist kostspielig. Mit weniger würden wir uns jedoch nicht zufrieden geben, - man ist ja schließlich wer - .
Die Trauergemeinde ließe sich sicher durch unsere Finanzabteilung vergrößern. Der zuständige Sachbearbeiter würde, ob der anfallenden Kosten, durchaus echte und keine Krokodilstränen vergießen.

Nach eingehenden Diskussionen zwischen den einzelnen betroffenen Abteilungen sind wir zu der Auffassung gekommen, daß Ihr Service für uns leider keine Alternative zu den von unserem Hause vorgenommenen Müllentsorgungsvarianten darstellt.

Mit freundlichen Grüssen
Chemische Fabrik Pfersee
G m b H

E. Bernheim   i.V. W.Deutsch

Carola von Gästern

4506 Hagen 1 - Hüttenstraße 43

26.4.84

Deutsch - Thailändische Gesellschaft
Koblenzer Str. 89

5300 BONN 2

Sehr geehrte Damen und Herren,

ich bin in einem Alter (75), wo man es sich leisten sollte, noch ein paar interessante Reisen zu unternehmen.
Die Entbehrungen der Kriegsjahre haben bei mir einen gewissen Nachholbedarf geweckt. Nun möchte ich wohl gern Ihr Land besuchen, weil ich für die asiatische Kultur seit Jahren eine besondere Sympathie hege. Irritiert hat mich die Mitteilung von Bekannten, die mir erzählt haben, daß ich da wohl oder übel mit einem sogenannten Bumsbomber fliegen müsse.
Ist das nicht eine Fluglinie, die schon oft irgendwo gegen gebumst ist ?
Stimmt es wirklich, daß der Flug nach Thailand so gefährlich ist?
Ich bitte um Auskunft.

Hochachtungsvoll

Carola v. Gästern

Konto: Dresdner Bank, Hagen 15 001

Frau
Carola von Gästern
Hüttenstr.43
4501 Hagen

Deutsch-Thailändische Gesellschaft e.V.

Koblenzer Straße 89
D-5300 Bonn 2
Telefon (02 28) 35 16 73
Telex 885523

4.05.84

AN

Sehr geehrte Frau von Gästern,

haben Sie besten Dank für Ihr Schreiben und Ihre Anfrage.

Bezüglich der von Ihnen geäußerten Sorgen den Flug nach Thailand betreffend können wir Sie beruhigen. Wenn Sie mit einer renomierten Fluggesellschaft fliegen sind die Flugzeuge hervorragend ausgestattet und so sicher wie eben möglich.
Übrigens ist der von Ihnen benutzte Begriff 'Bumsbomber' wohl etwas mißverständlich für Sie gewesen, denn es ist üblicherweise eine Umschreibung des Grundes, warum viele Männer nach Thailand fliegen. Er enthält also keine Aussage über die Qualität der Flugzeuge.

Wir wünschen Ihnen einen guten Flug und hoffen, daß Sie das Land genießen können.

Mit freundlichem Gruß

A.Niederfranke

Winfried Bornemann
L. V. A.

Fillerschloß
4504 Georgsmarienhütte

29.5.84

An die
Steuerverwaltung
Liechtenstein

Sehr geehrte Herren,

in den letzten Jahren wirtschaftlicher Depression habe ich in Deutschland sündhaft viel Geld verdient. Was sich unsere Steuerverwaltung allerdings davon abzweigen will, das spottet jeder Beschreibung.
Nun möchte ich mit Ihrer Hilfe und Ihren Kenntnissen mein Vermögen retten und auch einen Teil meines unversteuerten Geldes (bei uns spricht man von "Schwarzem Geld") bei Ihnen deponieren.
Mir ist bekannt, daß ich zu diesem Zweck eine **Anstalt** (bei uns Firma genannt) in Liechtenstein gründen muß. Hierfür muß ich 20 000 Franken auf einem Sperrkonto hinterlegen und Einheimische in den Verwaltungsrat wählen.
Können Sie mir hierfür geeignete Personen nennen?
Außerdem wäre ich Ihnen dankbar, wenn Sie mir einen ansässigen Anwalt vermitteln würden, der die gesamte Transaktion juristisch betreut.

Mit Dank im voraus

Winfried Bornemann

FÜRSTLICH
LIECHTENSTEINISCHE
STEUERVERWALTUNG
VADUZ

Telefon (075) 6 61 11
Postcheck 90 - 5328

9490 Vaduz, 25.6.1984

Herrn
Winfried Bornemann
Fillerschloss

4504 Georgsmarienhütte
Deutschland

Nr. ....
(in der Antwort bitte angeben)

Sehr geehrter Herr Bornemann,

in der Beilage finden Sie eine Visitenkarte eines jungen und sehr tüchtigen Treuhänders der Ihnen in Ihren Nöten vielleicht weiterhelfen kann.

Wir hoffen, Ihnen damit gedient zu haben und verbleiben

Hochachtungsvoll

M[redacted] Treuhand-Anstalt
Buchhaltungs-, Treuhand- & Verwaltungsbüro

Erich S[redacted]
Treuhänder

9497 Triesenberg
[redacted]
Telefon 075/[redacted]

Carola von Gästern

4506 Hagen 1 - Hüttenstraße 43

26.4.84

Stadt Osnabrück
Grünflächenamt
Postfach
4500 Osnabrück

Sehr geehrte Damen und Herren,

ich möchte von Ihnen gern wissen, ob es eine Vorschrift gibt, die es verbietet, sich senkrecht beerdigen zu lassen.
Ich finde dieses Verfahren in höchstem Maße kostenschonend und umweltbewußt.
Im Falle eines positiven Bescheids werde ich diesen Wunsch in mein Testament einfügen.

Hochachtungsvoll

Carola v. Gästern

Konto: Dresdner Bank, Hagen 15 001

stadt osnabrück
Der Oberstadtdirektor

Stadt Osnabrück · Postfach 4460 · 4500 Osnabrück

Frau
Carola von Gästern
Hüttenstr. 43

4506 Hagen 1

Dienststelle
Grünflächenamt

Verwaltungsgebäude | Zimmer
Dominikanerkloster

Auskunft erteilt
Herr Plonsker

Vermittlung
0541/3231

Durchwahl
323 4241

Datum und Zeichen Ihres Schreibens

Mein Zeichen
67 Pl/Wi

Datum
08.05.1984

Betrifft:

Sehr geehrte Frau von Gästern!

Mit Schreiben vom 26.04.1984, dessen Eingang ich dankend bestätige, fragen Sie an, ob Senkrecht-Bestattungen zulässig sind.

Leider ist diese Bestattungsart in Osnabrück noch nicht eingeführt worden, trotzdem wir bereits erhebliche Schwierigkeiten bei der Vergößerung unserer Friedhöfe haben. Der berühmte und Ihnen auch sicher bekannte Friedhofswissenschaftler Karolus van Morgen hat jedoch erst kürzlich in einem sehr beachtenswerten Vortrag festgestellt, daß bereits die alten Arkadianer diese Beisetzungsart praktizierten, und es sich hierbei somit um einen uralten Kulturbrauch handelt. Ich werde mir daher überlegen, ob diese Bestattungsart nicht zweckmäßigerweise auch hier wieder eingeführt werden sollte, denn ich finde es einfach jammerschade, daß in allen Bereichen unserer schnellebigen Zeit ständig Neuerungen eingeführt werden, die vielfach nur kurzlebig sind, statt sich auf die alten Kulturgüter unserer Vorfahren zurückzubesinnen. Soweit decken sich meine Vorstellungen, wenn auch aus anderen Beweggründen, vollständig mit den Ihrigen.

Ich werde Ihnen zu gegebener Zeit, und hoffentlich ist das noch zu Ihren Lebzeiten, meine Entscheidung zu diesem Problem mitteilen, und verbleibe bis dahin

mit den besten Grüßen

i.A.

Plonsker

(Plonsker)
Amtsleiter

Telex: 94694 stosn d · Stückgutleitzahl: 4500 Osnabrück 2281 · Konten: Stadtsparkasse Osnabrück (BLZ 26550001) 14043 · Postscheck Hannover (BLZ 250 100 30) 9719-302

Carola von Gästern
4506 Hagen 1 - Hüttenstraße 43

18.5.84

AEG - Telefunken
Postfach

6000 Frankfurt

Sehr geehrte Damen und Herren,

ich bin seit vielen Jahren Witwe.
Deshalb werden Sie mich gut verstehen, wenn ich Ihnen sage, daß mein Tageslauf sich stark an das Fernsehprogramm anlehnt.
Anders sehe ich das bei meinem jüngsten Neffen.
Der hat mir neulich bei einem kurzen Besuch gestanden, daß er täglich bis zu 8 Stunden vor dem Gerät sitzt.
Da meine Schwiegertochter den Apparat erst vor wenigen Wochen neu gekauft hat, möchte ich mich in die Sache einschalten und benötige Ihren fachlichen Rat.
Ich bin der festen Überzeugung, daß es nicht gut für das Gerät sein kann, wenn mein Neffe jeden Tag so lange davor sitzt.
Sehe ich das richtig?

Hochachtungsvoll

Carola v. Gästern

Konto: Dresdner Bank, Hagen 15 001

TELEFUNKEN

FERNSEH- UND RUNDFUNK GMBH
POSTFACH 911345/911347, TILLYSTRASSE 25, 3000 HANNOVER 91

TELEFUNKEN · POSTFACH 911345/911347 · 3000 HANNOVER 91

Frau
Carola von Gästern
Hüttenstraße 43

4506 Hagen 1

Hannover, den 25.05.1984
Ho/ho
Durchwahl 0511/4203-289

Ihr Schreiben vom 18.5.84

Betreff: Farbfernsehgerät Ihrer Schwiegertochter

Sehr geehrte Frau von Gästern,

haben Sie vielen Dank für Ihr an die AEG-Telefunken, Frankfurt, gerichtetes Schreiben, welches zuständigkeitshalber an uns übergeben wurde.

Die tägliche Durchschnitts-Betriebszeit eines Fernsehgerätes beträgt ca. drei Stunden. Daraus errechnet sich eine durchschnittliche Jahresbetriebszeit von etwa 1.000 Stunden.

Die Lebenserwartung eines Farbfernsehgerätes ist in erster Linie abhängig von den geleisteten Betriebsstunden. Die nach neuester Technologie hergestellten Farbbildröhren haben eine Lebenserwartung von 8.000 - 10.000 Betriebsstunden, was nach obiger Rechnung eine Geräte-Lebenserwartung von ca. 8 - 10 Jahren bedeutet.

Wir hoffen, Ihre Fragen erschöpfend beantwortet zu haben und empfehlen uns

mit freundlichen Grüßen

T E L E F U N K E N
Fernseh und Rundfunk G m b H
Zentralkundendienst

Kümmel   i.V. Hoheisel
Kümmel   Hoheisel

TFR-VD 047.540970

Carola von Gästern

4506 Hagen 1 - Hüttenstraße 43

8.6.84

Herrn
Ministerpräsidenten Dr. Vogel
Peter Altmeier Allee 1
6500 Mainz

Lieber Herr Vogel,

immer wenn Sie über mein Fernsehgerät in mein Wohnzimmer kommen, spüre ich einen Hauch von Glückseligkeit.
So einen Sohn wie Sie hätt ich mir immer gewünscht. Mein eigener leiblicher Sohn ist leider 1942 im Felde geblieben.
So stell ich mir seit vielen Jahren vor, Sie wären mein Sohn, mein Lieblingssohn. Und nun habe ich Ihnen als Ihre alte Mutter einen Pullover gestrickt.Einen schönen warmen blauen Pullover mit grauem Muster.Ich hatte das Garn noch liegen, deshalb möchte ich Ihnen das gute Stück natürlich schenken.Er wird Sie mollig wärmen und Ihnen gut zu Gesicht stehen, da bin ich sicher.
Nun müssen Sie den Pullover nur noch anprobieren. Ich würde mich riesig freuen, wenn Sie schon bald mal vorbeikommen könnten.

Mit mütterlichen Gefühlen

Carola v. Gästern

Konto: Dresdner Bank, Hagen 15 001

Rheinland-Pfalz

Frau
Carola von Gästern
Hüttenstraße 43

4506 Hagen 1

Staatskanzlei
Persönlicher Referent des Ministerpräsidenten
Peter-Altmeier-Allee 1
Telefon: 06131/16-4792
Telex: 04187852

26. Juni 1984

Sehr geehrte Frau von Gästern,

Herr Ministerpräsident Dr. Vogel läßt Ihnen für Ihr Schreiben verbindlich Dank sagen. Er hat sich über Ihre Zeilen sehr gefreut. Dies gilt vor allem auch für das vorgesehene Präsent. Zu seinem Bedauern ist es ihm allerdings aus Zeitgründen nicht möglich, bei Ihnen in Hagen vorbeizukommen, wofür er um Verständnis bittet. Wenn ich Ihnen vielleicht eine kleine Hilfe geben kann: Die Konfektionsgröße des Herrn Ministerpräsidenten ist Nr. 54.

Für evtl. ergänzende Rückfragen steht der Unterzeichner Ihnen gerne zur Verfügung.

Mit freundlichen Grüßen

(München)

Dr. Manfred Wörner
Bundesminister der Verteidigung

Bonn, 13. Juni 1984

Frau
Carola von Gästern
Hüttenstraße 43

4506 Hagen 1

Lieber Frau von Gästern!

Über Ihr so freundliches Schreiben habe ich mich aufrichtig gefreut. Ich danke Ihnen sehr dafür. Ihre liebenswürdige Geste hat mich sehr berührt. Gerne würde ich den Pullover bei Ihnen abholen. Allerdings läßt mir meine Terminplanung voraussichtlich in nächster Zeit keinen Raum für eine Reise nach Hagen.

Vielleicht können Sie ihn mir schicken oder durch meinen Kollegen aus Ihrem Wahlkreis übermitteln lassen.

Ich würde mich sehr freuen Sie kennenzulernen und bin

mit recht freundlichen Grüßen in Verbundenheit
Ihr

M. Wörner

Carola von Gästern

4506 Hagen 1 - Hüttenstraße 43

26.4.84

Herrn
Dr. Ludolf v. Wartenberg
Bundeshaus
5300 BONN

Sehr geehrter Herr v.Wartenberg,

seit Jahren quäle ich mich mit diesem Brief herum.Schreib ich ihn, schreib ich ihn nicht?
Sie sehen, ich habe mich entschieden.
Es fällt mir trotzdem nicht leicht zu gestehen, daß ich mit einem hochkarätigen Geheimnisträger (ZK - Mitglied) der UDSSR ein Liebesbeziehung unterhalte, durch die ich höchstbrisante Informationen, die unsere Öffentlichkeit schockieren würden, erhalten habe.
Sie werden sich bestimmt wundern, warum ich mich gerade an Sie wende. Die Antwort ist einfach: Sie sind ein Politiker, dem ich vertraue. Gerade von Ihnen erwarte ich auch Verständnis für meine Gewissensnot, hie die menschliche Nähe, da die Sorge ums Vaterland.
Bitte schalten Sie jetzt noch keine offiziellen Stellen ein,(MAD,BND u.a.) sondern raten Sie mir bitte persönlich und Ihrem Gewissen folgend, was ich tun soll und was mich zu erwarten hat.

Mit verantwortungsbewußtem Gruß

Carola v. Gästern

Konto: Dresdner Bank, Hagen 15001

Dr. Ludolf von Wartenberg
Mitglied des Deutschen Bundestages

5300 Bonn 1
Bundeshaus
Fernruf 0228/165486

Büro:
3000 Hannover
Walderseestraße 21
Fernruf 0511/628383

24.5.1984

Persönlich

Frau
Carola von Gästern
Hüttenstr. 43

4506 Hagen 1

Sehr geehrte Frau von Gästern,

Ihr Schreiben vom 26.4.1984 habe ich am 1o. Mai 1984 erhalten und danke Ihnen für das in mich gesetzte Vertrauen. Ich nehme Ihr Problem sehr ernst und bin nach reiflicher Überlegung zu dem Schluß gekommen, daß Sie, um Ihr Gewissen zu erleichtern, ein Gespräch mit dem Beauftragten für Fragen des Geheimschutzes beim Deutschen Bundestag führen sollten, der Ihnen mit seiner Erfahrung den besten Rat geben kann.

Ich bin gerne bereit, mit aller Diskretion ein solches Gespräch zu vermitteln und bitte um Ihr Verständnis dafür, daß ich Ihnen keine Ratschläge geben kann.

Ich erwarte Ihre Nachricht und verbleibe

mit freundlichen Grüssen

WINFRIED BORNEMANN · FILLERSCHLOSS · 4504 GEORGSMARIENHÜTTE

15.6.84

Seiner Majestät
König Olav V.
Oslo
Norwegen

Betr.: Ihr Geburtstag am 2. Juli

Exzellenz,

seit mehreren Jahren feiere ich als glühender Anhänger Ihrer Person und Ihrer politischen Ideale rauschende Feste zu Ihrem Geburtstag.
Die Festlichkeiten dauern mehrere Tage und Nächte und stellen einen der Jahreshöhepunkte dar.
Zu Ihrem Geburtstag wünsche ich Ihnen in diesem Jahr viel Durchsetzungskraft, Gesundheit und Gottes Segen.
Sollten Sie gelegentlich mal in Norddeutschland sein, lade ich Sie herzlich ein, mich in meinem Schloß zu besuchen.
Ganz riesig freuen würde mich ein Photo, das Sie mit Ihrer Familie zeigt.

Ihr ergebener
Winfried Bornemann

BANKVERBINDUNG: MERCK, FINCK & CO., MÜNCHEN, KTO.-NR. 261 144 (BLZ 700 304 00)

H. M. KONGENS
KABINETTSSEKRETARIAT

Royal Palace, Oslo
13 July 1984

Mr. Winfried Bornemann
Fillerschloss
4504 GEORGSMARIENHÜTTE

Dear Mr. Bornemann,

H.M. The King has instructed me to acknowledge receipt of your letter and to convey to you his best thanks for your kind greetings on the occasion of his birthday.

I am further instructed to send you the enclosed photograph.

Yours sincerely,

Barbara Iliff
Barbara Iliff
Deputy Private Secretary
to H.M. The King of Norway

Der Originalbrief war in englischer
Sprache abgefaßt. Der Autor

WINFRIED
BORNEMANN
FILLERSCHLOSS
4504 GEORGSMARIENHÜTTE

An den
Präsidenten des Staates
ISRAEL

Tel Aviv /Israel

Bewerbung als Regenmacher

Hoheit,
warum regnet es in Ihrem Staat so selten? Warum müssen Sie alles künstlich be wässern? Warum regnet es in Deutschland so oft?
Warum vertrocknet hier nichts?
Die Antwort ist einfach: **ich** arbeite in Deutschland, Schottland und England als Regenmacher. Wie Sie sehen, mit großem Erfolg.
Es gibt sogar viele Menschen in diesen Ländern, die mich beschimpfen, weil ich Ihnen zu viel Regen bringe. Einmal habe ich es 6 1/2 Monate non stop regnen lassen.Seitdem werde ich bedroht und verfolgt.
Die Arbeit macht mir hier keine Freude mehr.In der Hoffnung, daß Sie und Ihre Landsleute meiner Arbeit mehr Anerkennung schenken, bewerbe ich mich bei Ihnen als Regenmacher. Wenn Sie Voodoo Zauber erwarten, muß ich Sie ent- täuschen.Ich arbeite ausschließlich mit erprobten christlich-technischen Methoden.
Wann darf ich mich bei Ihnen vorstellen?
Ich erwarte Ihr Angebot.

Ihr ergebener

Winfried Bornemann

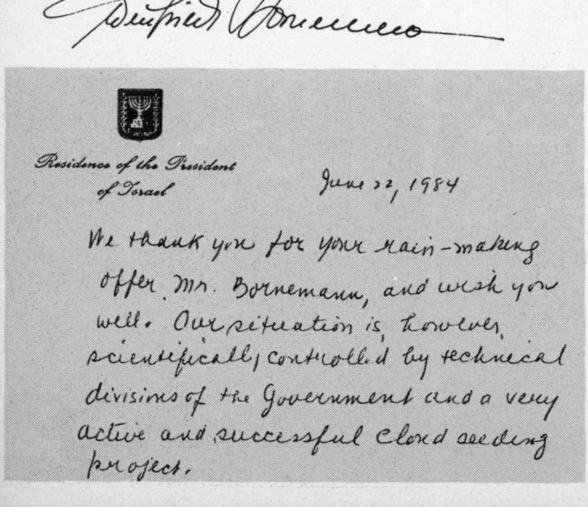

Residence of the President
of Israel

June 22, 1984

We thank you for your rain-making offer, Mr. Bornemann, and wish you well. Our situation is, however, scientifically controlled by technical divisions of the Government and a very active and successful cloud seeding project.

Sitz des Präsidenten
von Israel 22. Juni 1984

Wir danken Ihnen für Ihr Regenmach-Angebot, Mr. Bornemann, und wünschen Ihnen das beste. Unsere Verhältnisse werden nämlich wissenschaftlich kontrolliert, und zwar von technischen Regierungsabteilungen durch ein höchst aktives und erfolgreiches Projekt zum Abzapfen der Wolken.

Für alle, die noch mal auf die schnelle ein wichtiges Gespräch führen wollen:

Ronald Reagan	0012 02 / 456 14 14
Werder Bremen	04 21 / 49 81 06
Spanisches Königshaus	0034 12 / 22 90 72
Silvia von Schweden	0046 8 / 20 35 21
Fred Sinowatz	0043 2 22 / 37 12 36
Poldi von Bayern	089 / 5 99 21
Norwegisches Königshaus	0074 24 / 4 19 20

Carola von Gästern

4506 Hagen 1 - Hüttenstraße 43

18.5.84

Firma Vogeley
Postfach 21

3250 Hameln

Lieber Chef, liebe Arbeiter,

einer alten Dame (78) wird man es nachsehen, wenn sie kurz mal die Geschäfte stört.Ich will es auch ganz schnell machen.
Im Radio höre ich in letzter Zeit häufig das Wort Backwahn.Es soll sogar schon Bücher darüber geben.
Ich habe schon vergeblich im Wörterbuch nachgeschlagen, und möchte Sie nun bitten, mir dieses neue Wort kurz zu erklären.Meine Kränzchenschwestern hatten auch keine Ahnung.
Sie müssen doch sowas wissen,wo Sie doch täglich damit zu tun haben.

Hochachtungsvoll

Carola v. Gästern

Konto: Dresdner Bank, Hagen 15001

Familie Vogeley's

VOGELEY'S MARKENVERTRIEB GMBH

VOGELEY'S MARKENVERTRIEB GMBH · POSTFACH 21 · 3250 HAMELN

Frau
Carola v. Gästern
Hüttenstr. 43

4505 Hagen 1

IHR ZEICHEN	IHRE NACHRICHT VOM	UNSER ZEICHEN	WALLBAUMSTRASSE 1
		Voe/Br	3250 HAMELN 23. 5. 1984

Sehr verehrte Frau von Gästern,

Ihr Schreiben vom 18. 5. 1984 in Sachen "Backwahn" hat uns zunächst sehr überrascht. Dieses Wort hat nichts mit der Tätigkeit unseres Unternehmens, nämlich u. a. die Herstellung von Backmischungen, zu tun.

Es handelt sich hier wohl um die religiöse Bagwhan-Sekte, die unseres Wissens ihren Ursprung auf dem indischen Subkontinent hat. Sie betätigt sich inzwischen in sehr vielen Ländern der westlichen Welt, u. a. in einer Vielzahl gewerblicher Einrichtungen. So hat man z. B. vor kurzem erst in Hannover eine Diskothek übernommen.

Wir hoffen, Ihnen mit unserer Aufklärung weitergeholfen zu haben. Gleichzeitig hoffen wir, daß Sie unser Haus und unsere Produkte weiter beziehen und auch an andere weiter empfehlen.

Mit freundlichen Grüßen

VOGELEY'S MARKENVERTRIEB GMBH

i.V. Schaumburg

HR HAMELN B 187 VOGELEY MARKENVERTRIEB GMBH
Geschaftsfuhrer: Christian Volkel, Hans-Wilhelm Vogeley, Gerhard Wolken
Postfach 21 · Verwaltung: Wallbaumstraße 1, 3250 Hameln · Fernruf Sa.-Nr. (0 51 51) 72 61 · Telex 9 2 800 · Telegramm-Adresse: Vogeley Hameln
Banken: Deutsche Bank, Hameln · Dresdner Bank, Hameln · Norddeutsche Landesbank, Hannover · Postscheck-Konto: Hannover 371-301

18.5.84

Carola von Gästern

4506 Hagen 1 - Hüttenstraße 43

B.A.T. Cigarettenfabrik
Alsterufer 4
2000 Hamburg 36

Sehr geehrte Damen und Herren,

eine 81 Jahre alte Dame gratuliert Ihnen herzlich.
Endlich haben Sie nun als erste gestandene Firma für Ihre Zigaretten fast ausschließlich **Bio - Tabak** verwendet, ohne jegliche Konservierungsmittel und andere Schadstoffe.
Die Sache spricht für sich.
Nur, da hätte ich noch eine Anregung: Sie müßten Ihr gesundes Kraut doch ausschließlich über Apotheken und Reformhäuser vertreiben, damit jeder auch noch so sture Nichtraucher erkennen muß,daß Rauchen eben nicht gesundheitsschädlich ist.
Bitte teilen Sie mir hierzu Ihre Meinung mit.

Hochachtungsvoll

Carola von Gästern

Carola von Gästern

P.S. Ich habe übrigens selbst festgestellt, daß Ihr neuer Bio - Tabak Gardinen nicht mehr gelb macht.

Konto: Dresdner Bank, Hagen 15001

Von der Hauptverwaltung
der B·A·T Cigarettenfabriken GmbH.

Hausanschrift Alsterufer 4, 2000 Hamburg 36
Kontakte Telefon (040) 4151-0, Telex 213456, Telekopierer (040) 41513233, Telegramm Powhattan Hamburg
Konten Dresdner Bank, Hamburg 3810653, BLZ 20080000. Postscheckkonto, Hamburg 63691-209, BLZ 20010020
Aufsichtsratsvorsitzender Dr. Harald Erichsen
Vorstand Dieter von Specht, Vorsitzender, Egbert Pfennig, Erhard Rittershaus, Rolf Ruprecht, Günter Uhe,
stellvertretend: Ulrich Niemann, Wilfried Steigleder, Hans-Adolf Tomat
Sitz und Registergericht Hamburg, Amtsgericht Hamburg HRB 1749

Anschrift B·A·T, Postfach 300660, 2000 Hamburg 36

Frau
Carola von Gästern
Hüttenstraße 43

4506 Hagen 1

Ihr Zeichen
Unser Zeichen PR-Dr.Fe/Mg
Durchwahl 2286
Datum 13.6.1984
Betrifft Ihr Schreiben vom 18.5.1984

Sehr geehrte Frau von Gästern,

haben Sie vielen Dank für Ihren Brief vom 18.5.1984. Wir nehmen an, daß Sie bei der Cigarettenmarke, auf die Sie sich beziehen, unsere Marke CORTINA Nr.1 meinen.

Die Diskussion über Rauchen und Gesundheit muß von der wissenschaftlichen Forschung entschieden werden. Insofern steht auch hinsichtlich des Vertriebs eigentlich nicht die Apotheke als Verkaufsort für Cigaretten zur Debatte. Dieser wird unverändert über den Tabakwarenhandel abgewickelt.

Nochmals Dank für Ihre Zuschrift.

Mit freundlichen Grüßen

B·A·T Cigarettenfabriken GmbH
Presse und Information

Dr. Hermann Feldgen

000201

Carola von Gästern

4506 Hagen 1 - Hüttenstraße 43

20.9.84

Tepper Aufzüge
Hafengrenzweg 11-13

4400 Münster

Sehr geehrte Damen und Herren,

mit meinen 76 Jahren bin ich hin und wieder darauf angewiesen, den Fahrstuhl zu benutzen. Diese Erfindung war sicher dazu gedacht, den Menschen das Leben zu erleichtern. Mich dagegen ärgert das Ding maßlos, da ich oft mutterseelenallein den Stuhl betrete und dann lesen muß: **Zugelassen nur für 8 Personen** Oftmals warte ich bis zu 20 Minuten, bis ich die geforderten 8 Personen zusammenhabe. In dieser Zeit hätte ich auch ohne Zeitverzögerung die Treppe benutzen können, wenn.....wenn nur meine Beine noch mitmachten.

Ich bin der festen Überzeugung, daß sich in unserer hochtechnischen Zeit doch Wege finden lassen müßten, kleinere Fahrstühle zu bauen, die möglicherweise sogar von einer einzelnen Person benutzt werden könnten.
Wahrscheinlich kennen Sie vom Werk das Problem noch gar nicht, weil Sie meist in Einfamilienhäusern wohnen, wo man keinen Fahrstuhl braucht oder noch gesunde Glieder haben.
Bitte teilen Sie mir mit, ob und wann mit einer Änderung zu rechnen ist.

Hochachtungsvoll

Carola v. Gästern

Konto: Dresdner Bank, Hagen 15 001

TEPPER AUFZÜGE
GMBH & CO. KG

GESCHÄFTSLEITUNG

4400 MÜNSTER, DEN, den 2.10.84
HAFENGRENZWEG 11-13
TELEFON (0251) 60357/58/59
TELEX 892537

dr.off/hö

Frau
Carola von Gästern
Hüttenstr. 43

4506 Hagen 1

Sehr geehrte gnädige Frau,

Ihren Brief vom 20.9.84 haben wir mit freundlicher Überraschung zur Kenntnis genommen, weisen Sie doch mit Recht auf ein Problem hin, das den Aufzugsherstellern seit langem bekannt ist.

Unterstellt man, daß von den rund 320.000 in der BRD sowie West-Berlin betriebenen Aufzugsanlagen und einer angenommenen Förderkapazität von jeweils 8 Personen die durchschnittliche Wartezeit in extremen Situationen oft Tage und Wochen, nicht minder selten Monate und Jahre betragen kann, läßt sich unschwer errechnen, daß jederzeit mindestens rund 1 Million unserer Bevölkerung beiderlei Geschlechts ohne befriedigende Beschäftigung in einem Aufzug verbringt. Das führt in der tuchfühlenden Enge des abgeschlossenen Raumes so manchen auf abwegige Gedanken!

Da nach den Erkenntnissen der Statistik jeder dritte Mensch Chinese ist und gleichzeitig in unserem Land alle 4 Minuten ein Kind geboren wird, läßt sich ermitteln, daß - eine neunmonatige Wartezeit vorausgesetzt - allein in den Aufzügen unseres Verbreitungsgebietes rund 150.000 Chinesinnen täglich mindestens einem Kind das Leben schenken - Komplikationen in engeren Kleingüteraufzügen und Mehrfach-Geburten einmal völlig ausgenommen.

Um das Problem einer drohenden Übersättigung unserer Heimat mit chinesischen Speiserestaurants vorzubeugen, haben wir bereits seit längerer Zeit den maßgeblichen Stellen unseres Landes empfohlen, allen Hausbesitzern aufzugeben, als Mittel fernöstlicher Geburtenbeschränkung anstelle eines 8-Personen-Aufzuges lieber jeweils 8 1-Personen-Aufzüge einzubauen. Für dringende Fälle einheimischer Bedürfnisse könnte der bewährte 2-Personen-Aufzug mit gepolsterten Liegesitzen eine sinnvolle Alternative bilden. Nur so kann jenseits aller volkswirtschaftlich bedenklichen Wartezeiten der Verkehr wieder in normalen Bahnen verlaufen und die gelbe Gefahr gebannt werden.

Das Haus Tepper Aufzüge hofft, mit diesen Zeilen zur Aufklärung eines offensichtlich persönlich wie gesamtwirtschaftlich nicht unerheblichen Anliegens beigetragen zu haben und würde sich freuen, Sie demnächst wieder in einem unserer Produkte aufziehen zu dürfen.

Ein herzliches Glückauf

Ihre
TEPPER AUFZÜGE GmbH & Co. KG

PS: Wie Sie unschwer erkennen werden, sind wir nicht von gestern, sondern von heute.

WINFRIED
BORNEMANN
FILLERSCHLOSS
4504 GEORGSMARIENHÜTTE

20.9.84

Kommission der
Europäischen Gemeinschaften
Abteilung Landwirtschaft
B 1040 BRÜSSEL

Betr.: **Bonsai - Kühe**

Sehr geehrte Damen und Herren,

endlich ist es vorbei mit Butterberg und Milchseen! Es wird ein Aufatmen geben bei den Bürgern, Steuerzahlern und EG - Bürokraten.
Meine fast 10-jährige Arbeit wurde nun gekrönt durch die ersten Exemplare meiner **Bonsai - Kühe.**

Diese Tiere sind nur noch 50 cm lang und geben etwa 1/20 Milchmenge im Vergleich zu Normkühen. Damit sind viele EG - Probleme gelöst. Sehen Sie eine Möglichkeit zur EG-weiten Einführung dieser Zwergkühe?
Können Sie schon alsbald Vorschriften zur Abschaffung von Normkühen erlassen?

Beste Grüße

KOMMISSION
DER
EUROPÄISCHEN GEMEINSCHAFTEN

Generaldirektion Landwirtschaft

Abteilung D-1

012561 -3.10.84

Brüssel, den

DG VI - D

Herrn
Winfried Bornemann
Fillerschloss
4504 Georgsmarienhütte

Betr.: Bonsai-Kühe

Sehr geehrter Herr Bornemann,

Ich bedanke mich für Ihr Schreiben vom 20.9.1984.

Ehe die Dienststellen der Kommission, insbesondere die Abteilung Milcherzeugnisse der Generaldirektion Landwirtschaft, zu Ihren Zuchterfolgen Stellung nehmen können, müßten wir über eine Fotografie Ihrer Bonsai-Kühe verfügen, die geeignet wäre, über Größe und Beschaffenheit der Tiere Aufschluß zu geben.

Ich bitte also um Übermittlung eines solchen Fotos und verbleibe

mit freundlichen Grüßen

S. Ventura
Abteilungsleiter

Provisorische Anschrift: Rue de la Loi 200, B-1040 Brüssel – Tel. 350040/358040 – Telegrammadresse: »COMEUR Brüssel« – Fernschreiber: »COMEURBRU 21877« – AGREC 25670/22037

WINFRIED BORNEMANN · FILLERSCHLOSS · 4504 GEORGSMARIENHÜTTE

20.9.84

Daimler - Benz AG
Postfach

7000 Stuttgart 60

Sehr geehrte Damen und Herren,

in den letzten Jahren habe ich mir wiederholt Gedanken darüber gemacht, was auf dem Sektor des Automobilbaues noch verbesserungswürdig wäre.
Dabei ist mir aufgefallen, daß alle Hersteller davon ausgehen, daß es nur verheiratete Menschen mit Kindern gibt. Aus welchem anderen Grunde findet man denn in **jedem** Wagen mindestens vier Plätze?
Ich zum Beispiel fahre seit Jahrzehnten ausschließlich allein im Auto, daran wird sich wohl auch in Zukunft nichts ändern.
Deshalb sollten Sie mal darüber nachdenken, ob es nicht ratsam wäre, endlich ein Auto für **Singels** zu konstruieren.
Halb so lang und halb so breit wie die herkömmlichen Fahrzeuge.
Es gäbe keine Parkprobleme, einen sehr geringen Spritverbrauch, was den Katalysator überflüssig machen würde.
Einen kleinen Wunsch darf ich aber dennoch äußern: bitte berücksichtigen Sie einen serienmäßigen Dachgepäckträger für
meine Aktentasche.
Wie stehen Sie zu meinen Vorschlägen?

Mit freundlichen Grüßen

DAIMLER-BENZ AKTIENGESELLSCHAFT
STUTTGART-UNTERTÜRKHEIM

Daimler-Benz Aktiengesellschaft, Postfach 202, 7000 Stuttgart 60

Herrn
Winfried Bornemann
Fillerschloss

4504 Georgsmarienhütte

Ihre Zeichen, Ihre Nachricht vom	Unsere Zeichen	Telefon-Durchwahl (0711) 302xx	Telex-Durchwahl 72524-	Datum
- 20.09.84	EPW-V/sin-off	17-55881		1.10.84
	Bei Antwort bitte angeben	oder (0711) 302-0	oder 72524-0 db d	

Sehr geehrter Herr Bornemann,

mit Dank bestätigen wir den Eingang Ihres Schreibens,mit dem Sie den Wunsch nach einem Auto für "Singles" ausdrücken.

Ihre Anregung, die uns sehr erfreut hat, haben Sie hoffentlich anderen Anbietern auf dem Automobilmarkt nicht vorenthalten.
"Halb so lange und halb so breite Autos" kennen Sie vielleicht noch ("Isetta, "Kabinenroller", "Kleinschnittger"), doch ihre Hersteller bewegten sich damals wie heute in einem anderen Produktsegment als die Daimler-Benz AG.

Aber selbst in unserem Programm hat nicht jeder Personenwagen - wie Sie offensichtlich voraussetzen - mindestens vier Plätze: daher werden die Fahrzeuge unserer SL-Reihe auch gerne von Singles gefahren.

Natürlich denken wir ständig über unser heutiges und zukünftiges Programm sorgfältig nach. Ihre Aussage, daß Sie wohl auch in Zukunft ausschließlich allein im Auto fahren, nehmen wir mit Vorsicht zur Kenntnis. Durchgreifende Programmänderungen sollten Sie sich davon allerdings nicht versprechen.

Wir hoffen auf Ihr Verständnis und sind

mit freundlichen Grüßen
Daimler-Benz Aktiengesellschaft

Hönes Sinnecker

AUDI NSU AUTO UNION AG

AUDI NSU AUTO UNION
Aktiengesellschaft
Postfach 220
D-8070 Ingolstadt
Telefon: (0841) 89-0

Telex und Teletex
841821 audipat d

AUDI NSU AUTO UNION · Aktiengesellschaft · D-8070 Ingolstadt

Herrn
Winfried Bornemann
Fillerschloß

4504 Georgsmarienhütte

Ihre Zeichen	Ihre Nachricht vom	Durchwahl	Abteilung	Unsere Zeichen	Datum
	20.09.84	89-3990	I/ES	Wä/Gr	4.10.84

Sehr geehrter Herr Bornemann,

haben Sie vielen Dank für Ihren Brief vom 20.09.84, in dem Sie anfragen, wie wir zu Ihrem Vorschlag des **Single-Autos** stehen. Zunächst mußten wir uns erst einmal setzen, nachdem uns die ganze Bedeutung Ihrer innovativen Eingebung bewußt wurde.

Mit dem **Single-Auto** eröffnen sich neue automobile Perspektiven, die den Automobilmarkt wieder beleben könnten. Einige Trends sprechen für diese Annahme, so zum Beispiel der heranwachsende Baby-Boom der 60er-Jahre, Zunahme an 1-Personen-Haushalten, sowie der sich abzeichnende Rentnerberg.

Leider müssen wir Ihnen mitteilen, daß wir für Ihren Vorschlag keine Verwendung haben, da er nicht auf unserer Produktlinie liegt. AUDI stellt ausschließlich hochwertige Komfortlimousinen her, die mehreren Personen überdurchschnittlichen Raumkomfort bieten. Aber haben Sie schon daran gedacht, selbst in das Unternehmertum einzusteigen und die Marke Messerschmidt mit einer Neuauflage des legendären Kabinenrollers wieder auferstehen zu lassen?

Gestatten Sie uns noch einige kritische Anregungen, die Sie bei der Konzeption für ein **Single-Auto** berücksichtigen sollten: Da zu erwarten ist, daß nicht nur männliche Singles ein solches Fahrzeug fahren würden, sollte auch an die Unterbringung voluminöser Handtaschen sowie an Halterungen für Lippenstift und Make-up-Spiegel (vielleicht außen) gedacht werden. Für die Taschenbefestigung würden wir eine hosenträgerähnliche Rucksacklösung vorschlagen.

Als Motorisierung halten wir einen 1-Zyl.-Motor, entsprechend der 1-Personen-Transportkapazität für vollkommen ausreichend. Vielleicht sollten Sie bei der konstruktiven Ausführung des **Single-Mobils** eine zerlegbare oder dem Klappfahrrad-analoge Konstruktion wählen, so daß nach Beendigung der Fahrt das Fahrz[illegible] mit ins Büro oder mit auf`s Zimmer genommen werden kann. Wodurch auch das leidige Parkplatz/Garagenproblem gelöst wäre. Grundsätzlich wäre zu überlegen, ob nicht wegen der Umweltproblematik (Geräusch- und Abgasemissionen) das gute alte Tret-Prinzip für den Antrieb gewählt werden sollte. Dadurch wäre doppelt zur Verbesserung der Volksgesundheit beigetragen.

Abschließend möchten wir noch einen Einwand anführen, der ebenfalls kritischer Durchleuchtung bedarf, bevor Sie sich auf das riskante Abenteuer einer **Single-Mobil-Produktion** einlassen. Eventuell scheitert ein **Single-Mobil** an der Beantwortung der Frage: Was macht ein Single, wenn er des Alleinsein überdrüssig ist? Uns gab es zu denken, daß selbst Motorräder einen Sozius-Sitz aufweisen.

Wir hoffen, Ihnen mit unserer Antwort einige Anregungen geliefert zu haben, die Ihnen bei einer möglichen Projektierung des **Single-Mobils** nützlich werden könnten.

Mit freundlichen Grüßen

AUDI NSU AUTO UNION
Aktiengesellschaft
i. A.

Wächter

00334/0 0684·

Vorsitzender des Aufsichtsrats:
Dr. rer. pol. Carl H. Hahn

Vorstand:
Dr. jur. Wolfgang R. Habbel,
Vorsitzender,
Dr. techn. h.c. Dipl.-Ing. ETH
Ferdinand Piëch,
stellv. Vorsitzender,
Dipl. rer. pol. Richard Berthold,
Dr.-Ing. Ernst F. Beuler,
Dr. jur. Martin Posth,
Dipl.-Ing. Hermann Stübig

Sitz der Gesellschaft: Neckarsulm
Eingetragen im Handelsregister
des Amtsgerichts Heilbronn/Neckar
unter HRB Blatt 180

Bankkonten:
Commerzbank AG, Ingolstadt
Bayerische Vereinsbank, Ingolstadt
Dresdner Bank AG, Ingolstadt
Postscheckkonto:
Konto-Nr. 98930-807, München

Carola von Gästern
4506 Hagen 1 - Hüttenstraße 43

20.9.84

Marine - Offiziers - Vereinigung
Kronprinzenstr. 32

5300 BONN 2

Liebe Kapitäne unserer Marine,

eine alte Dame möchte mal wieder zur See fahren.
Ich habe noch das Schwärmen meines jüngsten Neffen im Ohr, der mit Ihnen viele schöne Reisen unternommen hat.
Die prachtvollen Dias, die er mir gezeigt hat, haben mir damals sehr viel gegeben und mich stark beeindruckt.
Mein Mann ist verstorben , ich habe viel Zeit und mich für den November entschieden.
Welche Reisen bieten Sie für diesen Zeitraum an?
Kann ich eventuell auch eine Kreuzfahrt buchen?

Hochachtungsvoll

Carola v. Gästern

P.S.Bitte stecken Sie mich nicht auf einen Zerstörer, da habe ich Angst!

Konto: Dresdner Bank, Hagen 15001

Marine-Offizier-Vereinigung
(MOV) e. V.

5300 Bonn 2
Kronprinzenstraße 32
Telefon (0228) 357544

am 25. September 1984

Frau
Carola von Gästern
Hüttenstraße 43
4506 Hagen 1

Sehr verehrte gnädige Frau!

Vielen Dank für Ihre netten Zeilen vom 20.9.1984. Dieser Brief ist - wie adressiert - hier in der Kronprinzenstraße 32 bei der MOV angekommen. Unser Vorsitzender ist seit Mai 1982 Herr Vizeadmiral a.D. Horst von Schroeter. Der Deutsche Marinebund residiert in Wilhelmshaven, Postfach 433. Dessen Präsident ist Konteradmiral a.D. Hans-Arndt Feindt. Das eingangs zur Klarstellung; nun zur Sache.

Wir finden es wunderbar, daß Sie mal wieder zur See fahren wollen. Unsere Vereinigung veranstaltet derartige Reisen nicht, wohl aber haben wir im Mitgliederteil der Ausgabe 1/2-1984 unserer Zeitschrift "Marine Forum" für den Deutschen Marinebund e.V. dessen Reiseprogramm 1984 veröffentlicht, das aber bereits abgeschlossen ist. Darüberhinaus werben in unserer Zeitschrift Reisebüros und Agenturen für ihre Veranstaltungen, wie z.B. die Agentur Pfeiffer/Reffelt, Friedrich-Storck-Weg 18a, 5600 Wuppertal 1, für hautnahe Seefahrt auf Frachtern. Auf Schiffen der Bundesmarine werden weibliche Gäste nur zu Tagesfahrten mitgenommen, wofür das Flottenkommando in Glücksburg zuständig ist. So werden Sie, verehrte gnädige Frau, Ihren Wunsch am besten über ein Reisebüro verwirklichen können.

Mit freundlichen Grüßen
Marine-Offizier Vereinigung
Im Auftrag

(G. Müller)

20.9.84

Industrie - und Handelskammer
Postfach 101755

4300 ESSEN 1

Sehr geehrte Damen und Herren,

ich habe es mir zur Aufgabe gemacht, meine unternehmerische Potenz in den Dienst des Umweltschutzes zu stellen. Mir liegt am Herzen, daß auch noch unsere Kindeskinder in frischer Luft spielen und aufwachsen können.

Ich plane deshalb, an einigen in dieser Hinsicht gefährdeten Standorten unserer Republik (Ruhrgebiet, Großraum Frankfurt etc.) **Fabriken für Frischluftspray** zu installieren. Ich bin der festen Überzeugung, daß es gerade in Gegenden mit extrem hohem Verkehrsaufkommen oder in industriellen Ballungsgebieten sehr begrüßt wird, wenn ich der Frischluft noch Zusätze von Tannennadel - oder Rosengeruch beigebe.

Um es noch einmal klar zu sagen: die von mir in verschiedenen Duftnoten produzierte Frischluft soll nicht in Dosen abgefüllt werden, wie wir es von den Toilettensprays kennen, sondern direkt durch den Schornstein meines Werkes in die gefährdete Umgebung eingeblasen werden.
Auf diese Weise kann äußerst kostengünstig produziert werden, da Abfüll- und Verpackungskosten nicht anfallen.
Ich darf wohl annehmen, daß ich bei den Stadtvätern mit offenen Armen empfangen werde und erhebliche kommunale Zuschüsse fließen.

Wie sehen Sie die volkswirtschaftlichen Aspekte meines innovatorischen Vorschlags? Bitte beraten Sie mich eingehend.

Hochachtungsvoll

INDUSTRIE- UND HANDELSKAMMER
FÜR ESSEN, MÜLHEIM A. D. RUHR, OBERHAUSEN
ZU ESSEN

Industrie- und Handelskammer · Postfach 10 17 55 · 4300 Essen 1

Herrn

Winfried Bornemann
Fillerschloß

4504 Georgsmarienhütte

Ihre Zeichen, Ihre Nachricht vom	Unsere Zeichen, unsere Nachricht vom	☎ (02 01) 18 92 - 0 Durchwahl 18 92 -	Essen
-, 20.09.84	II-Nie/Dr.	- 224	16. 10. 1984

Betreff

Sehr geehrter Herr Bornemann!

Wir danken Ihnen für Ihr Schreiben vom 20. 09. 1984, das wir erst heute deshalb beantworten können, weil wir zur Beurteilung Ihres - uns eigentlich auf Anhieb überzeugenden Vorschlages - verschiedene Institute einschalten mußten. Die Gutachten dieser Stellen liegen uns vor. Eine erste Durchsicht dieser insgesamt 800 Seiten umfassenden Analysen zeigt eindeutig, daß die Installation für Fabriken von Frischluftspray in dem von uns vertretenen mittleren Teil des Ruhrgebietes ökologisch, macro- und microökonomisch - das trifft bekannterweise ja in aller Regel nicht zu - ausgesprochen sinnvoll ist.

Wenn sich auch unsere Region mit den Städten Essen, Mülheim a. d. Ruhr und Oberhausen von dem Montankomplex weitgehend gelöst hat, so bleibt doch noch eine Vielzahl von Verbesserungsmöglichkeiten. Dazu zählt unzweifelhaft Ihr Vorschlag, zumal Sie auch mit Ihrer unternehmerischen Potenz und mit Ihrem Herzen - eine glückliche, nicht eben nicht häufig anzutreffende Kombination - dahinter stehen.

Leider haben die Städte unseres Bezirks noch nicht erkannt, daß sie für ein solches Projekt Standorte und Finanzierungsmittel zur Verfügung zu stellen haben. Fabriken für Frischluftsprays, die zur Verbesserung der Luftverhältnisse wohlriechende Aromate kontinuierlich versprühen, sind nach Auffassung der Industrie- und Handelskammer zu Essen so wertvoll, daß wir bereit sind, ein Investment einzugehen. Wir weichen zwar damit von unserer bisher seit 140 Jahren vertretenen Generallinie ab, aus ökologischer und ökonomischer Sicht ist aber aufgrund Ihres Vorschlages jetzt der Punkt erreicht, wo wir die Wende dringend einleiten müssen.

Deshalb bitten wir um sofortige Gesprächsterminvereinbarung.

Mit vorzüglicher Hochachtung
Der Hauptgeschäftsführer
I. V.

Nienaber

Ass. Dipl.-Kfm. Rolf H. Nienaber

Dienstgebäude: Am Waldthausenpark 2 · Telegramm-Anschrift: Ruhrkammer Essen · ☒ 0857 800 hkesn d · Postscheck Essen BLZ 360 100 43 Kto. 288 00-436

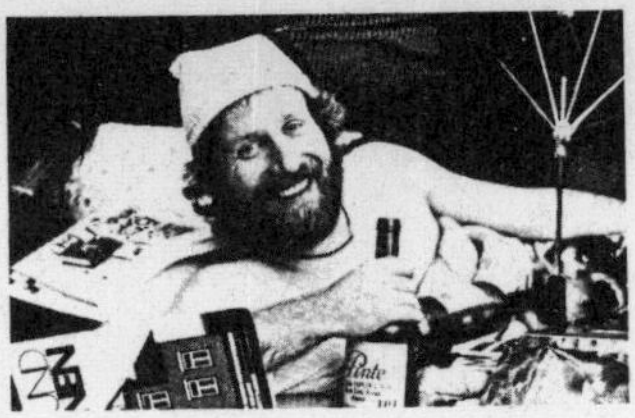

20.9.84

IBM

Pascalstr. 100

7000 Stuttgart 80

Lieber Chef, liebe Angestellte,

ich bin seit fast zwölf Jahren Aushilfskellner in einem seriösen norddeutschen Restaurant.

Es bereitet mir keinerlei Schwierigkeiten, die Verzehrrechnung fehlerfrei zu erstellen, doch komme ich hin und wieder ins Schleudern, wenn ich mein Trinkgeld berechnen soll.

Ich möchte deshalb mal bei Ihnen anfragen, ob es möglicherweise schon einen Taschenrechner gibt, der automatisch bei Tastendruck das Trinkgeld mit auswirft.

Ich würde mir dieses Gerät sofort zulegen, da es eine Menge Arbeit ersparen würde.

Es gibt doch bereits Extratasten fürs Wurzelziehen und die Promillberechnung, da sollte es doch technisch ein Kinderspiel sein, auch eine **Trinkgeldtaste** für die wichtige Gruppe der Kellner und Ober im Programm zu haben.

Mit freundlichen Grüßen

WINFRIED BORNEMANN · FILLERSCHLOSS · 4504 GEORGSMARIENHÜTTE

IBM

IBM Deutschland GmbH

Hauptverwaltung

Herrn
Winfried Bornemann
Fillerschloss

4504 Georgsmarienhütte

Stuttgart, 1. Oktober 1984

Sehr geehrter Herr Bornemann,

Ihre überaus interessante Anfrage vom 20.09. haben wir erhalten und bedanken uns für das große Vertrauen, das Sie in unsere Produkte setzen.

Abgesehen davon, daß wir jedoch keine "Taschenrechner" anbieten, sind wir der Meinung, daß maschinelle Hilfsmittel, wie etwa Taschenrechner oder Computer, nur dort eingesetzt werden sollten, wo sie dem Menschen tatsächlich überlegen sind.

Dies scheint uns indessen bei dem von Ihnen geschilderten Problem gerade nicht der Fall zu sein. Nach unseren Erfahrungen sind die mit Trinkgeldermittlung beschäftigten Personen bei dieser Ermittlung jedem Computer haushoch überlegen.

Dazu kommt, daß ein Computer ja programmiert werden muß, d.h. in Ihrem Falle, daß nur Sie selbst die erforderlichen Grundsatzentscheidungen treffen können. Konkret: was wollen Sie mit Ihrer Trinkgeldberechnung erreichen? Auf Dauer zufriedene Kundschaft oder schnelles Geld fürs eigene Portemonnaie?

Wenn wir Ihnen in dieser Beziehung eine Empfehlung auch ohne Computer-Einsatz geben dürfen: machen Sie sich's doch leicht - bei ersterer Zielsetzung runden Sie auf volle zehn Mark ab, bei letzterer auf volle zehn Mark auf.

Wir hoffen, Ihnen hiermit auch ohne Taschenrechner einen wertvollen Rat gegeben zu haben und verbleiben

mit freundlichen Grüßen

Dr. G. Baus

PS: Im Sinne der Gleichberechtigung der Geschlechter sollten Sie nicht nur an "Kellner und Ober", sondern auch an das Wohl Ihrer Kolleginnen denken.

Aufsichtsratsvorsitzender: Prof. Walther A. Bösenberg
Geschäftsführung: Lothar F. W. Sparberg (Vorsitzender), Eberhard Bihler, Hans Peter Brockhaus, Alfred E. Eßlinger, Prof. Dr. Karl Ganzhorn, Karl Meyer, Edmund Michel, Gert H. Müller, Dr. Ihno Schneevoigt
Sitz: 7000 Stuttgart, Registergericht: Amtsgericht Stuttgart, HRB Nr. 4712

Pascalstraße 100
Postfach 80 08 80
7000 Stuttgart 80
Fernruf (07 11) * 7 85 - 0
Fernschreiber 7 255 875

Carola von Gästern

4506 Hagen 1 - Hüttenstraße 43

26.4.84

Deutsche Pharmakologische Gesellschaft
Postfach 101709

5600 Wuppertal 1

Sehr geehrte Damen und Herren,

ich habe es ja kommen sehen!
Weil ich mich die ganzen letzten Monate so schlapp fühlte, habe ich meinen Hausarzt aufgesucht.
Er hat mir spontan eine große Packung Eisentabletten verschrieben.
Meine Müdigkeit hat zwar etwas nachgelassen, aber die Nebenwirkungen hat man mir natürlich verschwiegen.
Seit diesem Tage bin ich in höchstem Maße magnetisch.
Alle Stecknadeln bleiben an mir hängen und auch das Kleingeld, ja selbst Nägel. Ich habe schon in den "Bitteren Pillen" nachgeschlagen, kann aber auch hier keine Erklärung finden.
Ist es nach Ihrer Meinung wohl sinnvoll, gegen den Arzt und auch den Hersteller juristisch vorzugehen, oder reicht es, wenn ich die Tabletten sofort absetze?.
Ich bitte um Ihren fachlichen Rat.

Hochachtungsvoll

Carola v. Gästern

Konto: Dresdner Bank, Hagen 15001

Deutsche
Pharmakologische Gesellschaft
Sitz Düsseldorf e.V.
Geschäftsführer: Prof. Dr. med. H. Kaller

Postfach 101709
5600 Wuppertal 1
Telefon: (0202) 368327

8.5.1984

Frau
Carola von Gästern
Hüttenstr. 43
4506 Hagen 1

Hochverehrte gnädige Frau!

Ich danke Ihnen für Ihr Schreiben an die Deutsche Pharmakologische Gesellschaft vom 26.4.1984, in dem Sie uns den außerordentlich interessanten Nebenbefund der Magnetisierung Ihres Körpers durch Einnahme eines Eisenpräparates mitteilen.

Um Sie vor einem möglicherweise folgenschweren Schritt zu bewahren, möchte ich als erstes eine dringende Warnung aussprechen:

Setzen Sie die Tabletten keinesfalls plötzlich ab !!

Ein plötzlicher Entzug des Eisens könnte dazu führen, daß das Magnetfeld in Ihrem Körper zusammenbricht, wodurch unkontrollierte Induktionsströme ausgelöst werden könnten, die einen nicht vorhersehbaren Einfluß auf die Funktion lebenswichtiger Organe haben könnten. Sollten Sie allerdings einen Rostansatz an exponierten Körperstellen bemerken, wäre eine Reduzierung der Dosis auf die Hälfte zu empfehlen. Da eine Eisentherapie im allgemeinen gut vertragen wird, dürfte die Fortsetzung der Behandlung außer der zweifellos unangenehmen Magnetisierung Ihres Körpers keinen schädigenden Einfluß haben.

Die Fortsetzung der Eisenbehandlung wäre außerdem wissenschaftlich von immenser Bedeutung, da es sich bei der Körper-Magnetisierung um ein ausgesprochen seltenes Phänomen handeln dürfte, das dringend einer weiteren wissenschaftlichen Erforschung bedarf. Setzen Sie sich bitte umgehend mit einem physikalischen Universitäts-Institut oder Max-Planck-Institut in Verbindung, dem Sie im Interesse der Wissenschaft und der Menschheit Ihren Körper für die notwendige Messung zur Verfügung stellen sollten. Wichtig für eine Beurteilung des Falles wäre die exakte Vermessung der magnetischen Feldstärken über den einzelnen Körperregionen, sowie die Festlegung des magnetischen Nord- bzw. Südpols. Für Ihr körperliches Wohlbefinden dürfte es von außerordentlicher Bedeutung sein, ob Sie das Magnetfeld Ihres Körpers gleichsinnig oder gegensinnig mit dem Magnetfeld der Erde ausrichten.

Wegen der Bedeutung Ihres Falles für die Wissenschaft würde ich Ihnen dringend raten, das Fernsehen und die einschlägige Presse (z.B. Frau im Spiegel) über die bei Ihnen beobachteten Phänomene zu informieren. Die Medien sollten Ihnen für das Recht der Veröffentlichung selbstverständlich ein Honorar zahlen, das der Bedeutung Ihres Falles angemessen ist.

Es dürfte kaum möglich sein, gegen den Arzt oder den Hersteller des Produkts juristisch vorzugehen, da es sich bei der beobachteten Erscheinung um ein völlig neuartiges, bisher nicht beschriebenes Phänomen handelt, das mit Sicherheit nicht vorhersehbar war. Ein schuldhaftes Verhalten kann deshalb dem Hersteller und dem Arzt bestimmt nicht nachgewiesen werden.

Zum Schluß noch ein Ratschlag: Vermeiden Sie es bitte, sich mit Ihrem magnetisierten Körper in die Nähe von Apparaten mit starken Magnetfeldern (z.B. große Elektromotoren oder Transformatoren) zu begeben. Sie liefen sonst Gefahr, plötzlich an der Mauer eines Transformatorhäuschens zu kleben, bei entsprechender Lage Ihres magnetischen Nordpols unter Umständen sogar mit dem Kopf nach unten.

Mit freundlichen Grüßen
und vorzüglicher Hochachtung

Ihr sehr ergebener

H. Kaller

IM ARCHIV GEKRAMT

Mit diesem Brief von 1979 fing alles an . . .

Winfried Bornemann

4504 Georgsmarienhütte, den 8.6.79
Am Fillerschloß 47

Deutsche Münzanstalt
Postfach

7500 Karlsruhe

Betrifft: Falsche Münze?

Sehr geehrte Damen und Herren,

ich bezeichne mich als kritischen Staatsbürger. Man liest so viel über Bankraub und Falschmünzerei. Am 2.Juni 1979 um 12 Uhr 15 habe ich in einem bekannten deutschen Kaufhaus das beigefügte Geldstück als Wechselgeld zurückbekommen. Schon vom Gewicht her erschien mir dieses Geldstück verdächtig. Außerdem habe ich Zweifel in Größe und Umfang.

Bitte prüfen Sie doch einmal in Ihren Speziallabors nach, ob es sich hier wirklich um einen echten Pfennig handelt.

Betrachten Sie bitte mein Anliegen nicht als aufdringlich. Ich bin auch gewiß kein Pfennigfuchser, aber hier geht es mir um das Prinzip.

Hochachtungsvoll

Winfried Bornemann

(Beamter)

DEUTSCHE BUNDESBANK

Deutsche Bundesbank · Postfach 2633 · 6000 Frankfurt 1

Herrn
Winfried Bornemann
Am Fillerschloß 47

4504 Georgsmarienhütte

Ihr Zeichen, Ihre Nachricht vom	Unser Zeichen	☎ (0611)	Frankfurt am Main
08.06.1979	H 122/4258/79	158- 37 30 oder 158-1	29. Juni 1979

Betreff
Münze zu 1 Pfennig

Sehr geehrter Herr Bornemann!

Ihr Schreiben an die Staatliche Münze Karlsruhe wurde zuständigkeitshalber an uns abgegeben. Bei der fraglichen Münze handelt es sich um ein echtes 1-Pfennig-Stück, 1978/J, mit einem Gewicht von 1,9992 Gramm, einem Durchmesser von 16,55 mm und einer Dicke von 1,37 mm.

Die entsprechenden Soll-Daten einer 1-Pfennig-Münze betragen 2,0 Gramm - 16,50 mm - 1,38 mm. Gesetzlich zugelassen sind folgende Toleranzen: ± 0,100 Gramm, -0,02/+0,06 mm, ± 0,02 mm. Das Gewicht und die Abmessungen der vorgelegten 1-Pfennig-Münze liegen somit innerhalb dieser Toleranzen und geben zu keinerlei Beanstandung Anlaß.

Wir geben die Münze anbei zurück.

Mit freundlichen Grüßen
DEUTSCHE BUNDESBANK

Anlage

Bankgebäude	Postanschrift für Wert- und Eilbriefe	Telex	Telegramm-Kurzanschrift	Konten	
Wilhelm-Epstein-Straße 14 Frankfurt am Main	Wilhelm-Epstein-Straße 14 6000 Frankfurt 50	4 1 227 (Inland) 41227 bbkf d 4 14 431 (Ausland) 414431 bbkf d	NOTENBANK FRANKFURTMAIN	Girokonto-Nr./ Bankleitzahl (BLZ) 504 000 00	Postscheckko Frankfurt an (BLZ 500 100 Nr. 3983-6

BBk-Vordr. 10520 12.77-654321

Echt gelaufene Briefmacken von Peter Kruse

Dipl.-Ing.Hans Hellhake

6340 Dillenburg 1, 06.11.1983
Friedrichstraße 2

Herrn
Winfried Bornemann
"Lehrer"

4504 Georgsmarienhütte

Sehr geehrter Herr Bornemann,

ich lese gerade den Artikel über Ihre Blödelbriefe an Behörden etc.

Ich kann nur feststellen, daß Sie nicht alle Tassen im Schrank haben. Empfehle Ihnen dringendst einen erstklassigen Psychiater!!

Mit freundlichen Grüßen

Arbeitsgemeinschaft

Naturwissenschaften 2 Universität Bayreuth

Dipl.-Ing. Wilhelm Markgraf KG - Karl Bergauer GmbH & Co.KG

Büro (seit 17.10.83):
c/o Dr. bri. S. Sattran
Akazienweg 1
D-8580 Bayreuth

Herrn
Winfried Bornemann
Fillerschloß

4504 Georgsmarienhütte

Bayreuth, den 06.02.84

Sehr geehrter Herr Bornemann,

Sie haben durch Ihre vielen, sehr interessanten Briefe zweifellos bewiesen, daß Sie über einen beachtlichen Grundstock an naturwissenschaftlichem Wissen verfügen.

Wir möchten Ihnen daher die Würde eines Ehrendoktors, verbunden mit einem Lehrstuhl an der Universität Bayreuth, anbieten.

Sollten Sie sich für diese Aufgabe berufen fühlen, bitten wir sie uns die üblichen Bewerbungsunterlagen (Lebenslauf, Paßfoto, Zeugniskopien usw.) zu übersenden.

Mit der Bitte um baldige Antwort und freundlichen Grüßen

AG Naturwissenschaften 2 Universität Bayreuth

Dr. faeht. Mielke   Dr. bri. Sattran

Bzzzz...!
Antwort Comic Nr. 1
von Lars Kauffmann 28.3.84
Heute mal in Schwarz-Weis
Eines Tages:
Hi, [redacted] B.!
FUCK!
Hab heute Dein Buch gelesen!
BRIEFM
Bischen spät, wa
28. MÄRZ
Shit!!!
Quak!?!
Nun ja...
Ich hätt gern gewußt was Dir der Walraff denn nun geantwortet hat!
Hälts Du Dein Versprechen?!
DENG!
FUCK!
Ich hab auch Rückporto beigefügt, nä?!
Also [redacted] Boy, die Sache mit Walraff, Kapiert?!
UND SO...
Ach ja, Winfried, die "kleine Nettigkeit" woll'n wir auch nicht vergessen, nä?!
Ich DANKE schon mal im Vorraus!
FUCK!
Also erstmal Tschüß, Winnie!
EXIT
SPROING!
DAS ENTE!
Lars
Kauffmann
Schubystr. 118
2380 Schleswig
?!